▶ Unsere 📖 **Skripten** 📇 **Karteikarten** 🎧 **Hörbücher (CD & MP3)**

Zivilrecht

- 📖 Standardfälle Zivilrecht für Anfänger (AT+KaufR) (7,90 €)
- 📖 🎧 Standardfälle BGB AT (7,90 €)
- 📖 🎧 Standardfälle Schuldrecht (7,90 €)
- 📖 🎧 Standardfälle Ges. Schuldverh.,§§ 677,812,823 (9,9 €)
- 📖 🎧 Standardfälle Sachenrecht (Mobil.+ Immobil.) (9,90 €)
- 📖 🎧 Standardfälle Familien- und Erbrecht (9,90 €)
- 📖 🎧 Basiswissen (Frage-Antwort) BGB AT (7 €)
- 📖 🎧 Basiswissen (Frage-Antwort) Schuldrecht AT (7 €)
- 📖 🎧 Basiswissen (Frage-Antwort) Schuldrecht BT (7 €)
- 📖 🎧 Basiswissen (Frage-Antwort) Sachenrecht (7 €)
- 🎧 Basiswissen Familienrecht und 🎧 Basiswissen Erbrecht
- 📖 Einführung in das Bürgerliche Recht (7,90 €)
- 📖 Studienbuch BGB AT (12 €)
- 📖 Studienbuch Schuldrecht AT (12 €)
- 📖 Schuldrecht BT 1 - §§ 437, 536, 634, 670 ff. (9,90 €)
- 📖 Schuldrecht BT 2 - §§ 812, 823, 765 ff. (9,90 €)
- 📖 SachenR 1 – Mobil., 📖 SachenR 2 – Immobil. (9,90 €)
- 📖 Familienrecht und 📖 Erbrecht (Einführungen) (9,90 €)
- 📖 Streitfragen Schuldrecht (7,90 €)
- 📖 🎧 Definitionen für die Zivilrechtsklausur (9,90 €)

Strafrecht

- 📖 Standardfälle Band 1: für Anfänger (9,90 €)
- 📖 Standardfälle Band 2: für Fortgeschrittene (12 €)
- 📖 🎧 Standardfälle Strafrecht AT (für Anfänger) (7,90 €)
- 📖 🎧 Basiswissen (Frage-Antwort) Strafrecht AT (7 €)
- 📖 🎧 Basiswissen Strafrecht BT 1 und 📖 🎧 BT 2 (7 €)
- 📖 Strafrecht AT (7,90 €)
- 📖 Strafrecht BT 1 – Vermögensdelikte (9,90 €)
- 📖 Strafrecht BT 2 – Nichtvermögensdelikte (9,90 €)
- 📖 🎧 Definitionen für die Strafrechtsklausur (7,90 €)

Irrtümer und Änderungen vorbehalten!

Öffentliches Recht

- 📖 Standardfälle Staatsrecht I – StaatsorgaRecht (9,90 €)
- 📖 Standardfälle Staatsrecht II – Grundrechte (9,90 €)
- 📖 🎧 Standardfälle f. Anfänger (StaatsorgaR u. GRe) (7,9 €)
- 📖 Standardfälle Verwaltungsrecht AT (9,90 €)
- 📖 Standardfälle Polizei- und Ordnungsrecht (9,90 €)
- 📖 Standardfälle Baurecht (9,90 €)
- 📖 Standardfälle Europarecht (9,90 €)
- 📖 Standardfälle Kommunalrecht (9,90 €)
- 📖 🎧 Basiswissen (Fr-Antw.) StaatsR I – StaatsorgaR (7 €)
- 📖 🎧 Basiswissen (Fr-Antw.) StaatsR II – Grundrechte (7 €)
- 📖 Basiswissen (Frage-Antwort) Verwaltungsrecht AT (7 €)
- 📖 Studienbuch Staatsorganisationsrecht (9,90 €)
- 📖 Studienbuch Grundrechte (9,90 €)
- 📖 Studienbuch Verwaltungsrecht AT (12 €)
- 📖 Studienbuch Europarecht (12,90 €) 🎧 Basiswissen EuR
- 📖 Staatshaftungsrecht (9,90 €)
- 📖 VerwaltungsR AT 1 – VwVfG u. 📖 AT 2–VwGO (7,90 €)
- 📖 VerwaltungsR BT 1 – POR (9,90 €)
- 📖 VerwaltungsR BT 2 – BauR 📖 BT 3 – UmweltR (9,90 €)
- 📖 🎧 Definitionen Öffentliches Recht (9,90 €)

Steuerrecht

- 📖 Abgabenordnung (AO) (9,90 €)
- 📖 Erbschaftsteuerrecht (9,90 €)
- 📖 Steuerstrafrecht/Verfahren/Steuerhaftung (7,90 €)

Sozialrecht

- 📖 Kinder- und Jugendhilferecht (7,90 €)
- 📖 Einführung in das Sozialrecht (9,90 €)

Nebengebiete

- 📖 Standardfälle ZPO (9,90 €)
- 📖 🎧 Standardfälle Handels- & GesellschaftsR (9,90 €)
- 📖 🎧 Standardfälle Arbeitsrecht (9,90 €)
- 📖 🎧 Basiswissen (Fr.-Aw.) Handelsrecht (7,90 €)
- 📖 🎧 Basiswissen (Fr.-Aw.) Gesellschaftsrecht (7,90 €)
- 📖 🎧 Basiswissen (Frage-Antwort) ZPO (7,90 €)
- 📖 🎧 Basiswissen (Frage-Antwort) StPO (7,90 €)
- 📖 Handelsrecht (9,90 €)
- 📖 Gesellschaftsrecht (9,90 €)
- 📖 Arbeitsrecht (9,90 €)
- 📖 Kollektives Arbeitsrecht (9,90 €)
- 📖 ZPO I – Erkenntnisverfahren (9,90 €)
- 📖 ZPO II – Zwangsvollstreckung (9,90 €)
- 📖 Strafprozessordnung – StPO (9,90 €)
- 📖 Einführung Internationales Privatrecht - IPR (9,90 €)
- 📖 Standardfälle IPR (9,90 €)
- 📖 Insolvenzrecht (9,90 €)
- 📖 Gewerblicher Rechtsschutz/Urheberrecht (9,90 €)
- 📖 Wettbewerbsrecht (9,90 €)
- 📖 Ratgeber 500 Spezial-Tipps für Juristen (12 €)
- 📖 Sportrecht (9,90 €)

Assessorexamen

- 📖 Der Aktenvortrag im Strafrecht (7,90 €)
- 📖 Der Aktenvortrag im Zivilrecht (7,90 €)
- 📖 Der Aktenvortrag im Öffentlichen Recht (7,90 €)
- 📖 Staatsanwalt. Sitzungsdienst & Plädoyer (9,90 €)

Karteikarten (je 9,90 €)

- 📇 Grundlagen des Zivilrechts
- 📇 BGB Allgemeiner Teil (AT)
- 📇 Schuldrecht BT (§§ 433, 535, 631, 812, 823)
- 📇 Schemata Zivilrecht (AT, SchuldR, SachR, FamR)
- 📇 Strafrecht Allgemeiner Teil (AT)
- 📇 Strafrecht BT 1 und 📇 Strafrecht BT 2
- 📇 Streitfragen Strafrecht
- 📇 Staatsorganisationsrecht
- 📇 Grundrechte
- 📇 Verwaltungsrecht Allgemeiner Teil (AT)
- 📇 Schemata Öffentliches Recht

BWL

- 📖 Einführung i. die Betriebswirtschaftslehre (7,90 €)
- 📖 Organisationsgestaltung & -entwickl. (9,90 €)
- 📖 Fallstudien Organisationsgestaltung & -entwickl.
- 📖 Internationales Management (7 €)
- 📖 Wie gelingt meine wiss. Abschlussarbeit? (7 €)
- 📖 Medienwirtschaft für Mediengestalter (14,90 €)

Irrtümer und Änderungen vorbehalten!

Schemata

- 📖 Die wichtigsten Schemata-ZivR,StrafR,ÖR (14,90)
- 📖 Die wichtigsten Schemata–Nebengebiete (9,90 €)

🎧 bedeutet: auch als **Hörbuch** (CD oder MP3-Download) lieferbar!

Bei **niederle-media.de** bestellte Artikel treffen idR *nach 1-2 Werktagen* ein!

Einführung in das IPR

Autoren: Malkus/Pierenkemper/Schulz

ISBN 978-3-86724-154-0

Preis: 9,90 €

Insolvenzrecht

Autor: Dr. Frank Krüger,
Fachanwalt für Insolvenzrecht

ISBN 978-3-86724-130-4

9,90 €

Standardfälle ZPO
Klausurtypische ZPO-Standardfälle

Autor: Dr. Constantin Kruse

ISBN 978-3-86724-153-3

9,90 €

▶ Inhalt

▶ Einführung

▶ Standardfälle IPR

A. Internationales Familien- und Erbrecht

B. Internationales Schuldrecht

I. Vertragliche Schuldverhältnisse

II. Gesetzliche Schuldverhältnisse

▶ Vorwort

Die vorliegenden Fälle sind gedacht als Einführung in das Internationale Privatrecht.

Die 14 Fälle sind zum einen den *„Klassikern des IPR"* – den bekanntesten und für die Ausbildung bedeutsamsten BGH-Entscheidungen – nachgebildet.

Zum anderen wurden aktuelle Fälle entworfen, mit deren Hilfe die Neuerungen der **Rom I-VO**, **Rom II-VO** und nunmehr auch der **Rom III-VO** erschlossen werden können.

In der zweiten Auflage wurden die Änderungen, welche die Europäisierung des Internationalen Privatrechts mit sich brachte, eingearbeitet. Fall 3 der ersten Auflage hat durch den Federstrich des Gesetzgebers seine Grundlage verloren und wurde daher gestrichen. An seine Stelle treten die neu erstellten Fälle 3 und 4. Sie beruhen auf aktuellen Entscheidungen und behandeln einerseits Änderungen durch die Rom III-VO, andererseits auch klassische Fragen des IPR (*talaq, ordre public*). Sie sind daher von hoher Klausurrelevanz.

In der vierten Auflage wurden die Änderungen durch die **EuErbVO** eingearbeitet, die seit August 2015 Anwendung findet.

Auf unser Skript **„Einführung in das IPR"** wird an geeigneten Stellen verwiesen.

Dank aussprechen möchten wir insbesondere Herrn Oliver Wasmeier, (Rechtsanwalt, Freiburg) für seine Mitwirkung bei Fall 14 (Internationales Gesellschaftsrecht) sowie für zahlreiche Hinweise.

Martin Malkus
Dr. Roger Pierenkemper
Prof. Dr. Martin Schulz, LL.M. (Yale)

▶ Zur Arbeit mit diesem Skript

Die Struktur des Skriptes orientiert sich an der Struktur des EGBGB: Familien- und Erbrecht, vertragliche wie gesetzliche Schuldverhältnisse und Sachenrecht. Abschließend wird auch das internationale Gesellschaftsrecht behandelt.

Die Schwierigkeit eines Falles lässt sich anhand der Sterne erkennen:

★ - einfach   ★ ★ - mittel   ★ ★ ★ - anspruchsvoll

Neben der Kenntnis der Standardfälle ist es für die erfolgreiche Klausur im IPR besonders wichtig *Technik*, *Prinzipien* und *Begrifflichkeiten* des IPR zu beherrschen, um so auch unbekannte Fälle erfolgreich meistern zu können. Daher werden in jedem der Fälle neben der Falllösung auch Erklärungen zu den Prinzipien und Techniken gegeben. Die Kästen sind durch die Symbole gekennzeichnet:

§ *Prinzipien*   ✗ *Technik*

Letztlich finden sich am Ende der Fälle

? *Wiederholungsfragen*   ❦ *Literaturhinweise*

Sie dienen der Selbstkontrolle und Vertiefung.

Als Ergänzung zu diesem Fallskript empfehlen wir unser Skript

Malkus/Pierenkemper/Schulz,
Einführung in das IPR
4. Auflage 2019.

An verschiedenen Stellen verweisen wir zur Vertiefung auf dieses Skript. Beide Skripte lassen sich aber auch unabhängig voneinander nutzen.

✂ IPR Prüfungsschema

A. Zulässigkeit der Klage / des Antrags

I. Internationale Zuständigkeit

  1. Staatsvertragliche Regelungen

    a) Multilaterale Staatsverträge

    b) Bilaterale Staatsverträge

  2. Autonomes Recht

    a) Vorschriften über die internationale Zuständigkeit

    b) Rückschluss von örtlicher Zuständigkeit auf internat. Zuständigkeit

II. Sachliche Zuständigkeit (z.B. §§ 23 Nr. 1, 71 Abs. 1 GVG)

III. Örtliche Zuständigkeit

IV. Sonstige Verfahrensvoraussetzungen

  - nach *lex fori*-Prinzip Recht des Gerichtsortes (z.B. Parteifähigkeit § 50 Abs. 1 ZPO, Prozessfähigkeit § 52 ZPO, Anwaltszwang § 78 Abs. 1 ZPO)

B. Begründetheit der Klage / des Antrags

I. Fall mit Auslandsberührung (Art. 3 a.E. EGBGB)

II. Anwendbarkeit materiellen Einheitsrechts (z.B UN-KaufR, CMR)

  - wenn anwendbar, dann Vorrang nach Art. 3 Nr. 2 EGBGB

III. Anwendbarkeit internationaler kollisionsrechtlicher Abkommen

  - wenn anwendbar, dann Feststellung der maßgeblichen Rechtsordnung anhand des Abkommens (z.B. Rom I-VO, Rom II-VO), Art. 3 Nr. 1 EGBGB

IV. Bestimmung des anwendbaren einzelstaatlichen IPR

  1. Klage bereits anhängig: nach *lex fori* des Forumstaates

  2. Klage nicht anhängig: Bestimmung der internat. Gerichtszuständigkeit und Anwendung des IPR des zuständigen Forumstaates

V. Bestimmung der maßgeblichen Kollisionsnorm

  - um was für eine Sachfrage (z.B. Vertrags-, Gesellschafts-, Delikts- oder Sachenrecht) handelt es sich? (u.U. Qualifikation nötig)

VI. Anwendung der maßgeblichen Kollisionsnorm

- Subsumtion des Sachverhalts: Verweisung auf das Recht eines bestimmten Staates

1. Verweisung auf deutsches Recht → Anwendung dt. mat. Rechts

2. Verweisung auf ausländisches Recht

- Grundsatz: Gesamtverweisung

- Ausnahme: Sachnormverweisung, vgl. Art. 3a Abs. 1 EGBGB

a) Sonderfall: Kollisionsnorm verweist auf einen Mehrrechtsstaat, vgl. Art. 4 Abs. 3 EGBGB

b) Rück- oder Weiterverweisung, vgl. Art. 4 Abs. 1 EGBGB?

VII. Anwendung des materiellen Rechts

1. Ermittlung und Anwendung der maßgeblichen Normen

2. Bei Nichtermittelbarkeit: Anwendung des Ersatzrechts

3. Korrektur des Ergebnisses?

a) Verstoß gegen zwingende Vorschriften

b) Verstoß gegen dt. *ordre public*, Art. 6 EGBGB

Fall 1: Die Handschuhehe

▸ **Themen:** BGHZ 29, 137; Anknüpfung, Qualifikation, Ehe- oder Formstatut ★★

Der deutsche Staatsangehörige Detlef (D) und die italienische Staatsangehörige Isabella (I) sind ein Liebespaar und wollen heiraten. Da D jedoch in Italien noch einige offene Rechnungen mit örtlichen Mafiagrößen hat, will er partout nicht nach Italien reisen. I will hingegen nur dort im Kreise ihrer Familie die Ehe eingehen.

Deshalb ermächtigt D den V, einen Verwandten der I, per notarieller Urkunde in Deutschland, vor dem Standesbeamten in Italien zu erscheinen und die nach italienischem Recht zur Eheschließung erforderlichen Erklärungen abzugeben. Nach Beurkundung der Erklärungen erklärt der dortige Standesbeamte die Eheleute für verheiratet.

Zurück in Deutschland bestellt I bei einem Elektromarkt (E) einen - für die Wohnung und Vermögensverhältnisse der Eheleute angemessen - Fernseher, wovon sie den D allerdings nicht unterrichtet. Bei der Lieferung des Fernsehers verlangt der Elektromarkt die Zahlung des Kaufpreises von D.

Zu Recht?

Artt. 106, 107 ital. Codice civile – entsprechen weitgehend den §§ 1310, 1311 BGB

Art. 111 ital. Codice civile („*Celebrazione per procura*"):
„Abs. 1 (...)
Abs. 2: Eheschließung mittels Vollmacht kann auch dann erfolgen, wenn einer der Eheschließenden sich außerhalb Italiens aufhält und wichtige Gründe vorliegen, welche vom Gericht des Wohnsitzortes des anderen Eheschließenden zu würdigen sind. (...)
Abs. 3: in der Vollmacht muss die Person angegeben sein, mit der die Ehe eingegangen werden soll.
Abs. 4: Die Vollmacht muss in öffentlicher Urkunde erteilt sein. (...)"

> *Bearbeitervermerk:* Das Abkommen zur Regelung des Geltungs-bereichs der Gesetze auf dem Gebiet der Eheschließung (*Haager Eheschließungsabkommen*) v. 12. Juni 1902 soll unberücksichtigt bleiben.

Anspruch des E gegen D aus § 433 Abs. 2 i.V.m. § 1357 Abs. 1 S. 2 BGB
I. Vertragsschluss
II. Wirksamkeit der Ehe?
  1. IPR-Sachverhalt: Auslandsbezug
  2. Keine internationalen Abkommen
  3. Qualifikation der Handschuhehe
    a) Ehestatut gem. Art. 13 Abs. 1 EGBGB
    b) Formstatut gem. Art. 11 Abs. 1 EGBGB
    c) Abgrenzung
      aa) Auslegung als Formvorschrift
      bb) Abgrenzung nach den Arten der Stellvertretung
  4. Vornahmeort
    a) Ort der Vollmachtserteilung
    b) Ort des Eheschlusses
  5. Anwendung des Art. 111 ital. C. c.
  6. Verstoß gegen den *ordre public*, Art. 6 EGBGB
III. Zwischenergebnis: Wirksamkeit der Ehe
IV. Ergebnis: Anspruch des E gegen D aus § 433 Abs. 2 i.V.m. § 1357 BGB

E könnte gegen D einen Anspruch auf Bezahlung des von seiner Frau bestellten Fernsehers gem. § 433 Abs. 2 BGB i.V.m. § 1357 Abs. 1 S. 2 BGB haben.

I. Die Verpflichtung zur Kaufpreiszahlung gem. § 433 Abs. 2 BGB aus dem zwischen I und E geschlossenen **Kaufvertrag** wirkt gem. § 1357 Abs. 1 S. 2 BGB auch gegenüber D, wenn dieser der Ehegatte der I ist.

II. An der **Wirksamkeit der Eheschließung** zwischen I und D bestehen Zweifel.

1. I ist italienische Staatsangehörige und das Eheversprechen wurde in Italien gegeben. Der Sachverhalt weist mithin einen für die **Anwendung des IPR** notwendigen Bezug zum Recht eines anderen Staates nach Art. 3 a.E. EGBGB auf.

12

2. Internationale Abkommen oder unmittelbar anwendbare Regelungen der Europäischen Gemeinschaft, denen gem. Art. 3 EGBGB ein Vorrang gegenüber den nationalen Kollisionsnormen zukommt, sind - aufgrund des Bearbeitervermerks - nicht ersichtlich.

Insbesondere ist der Anwendungsbereich der Rom III-VO vorliegend nicht eröffnet. Die Rom III-VO regelt allein das Recht der Scheidung, nicht aber das Recht der Eheschließung, vgl. Art. 1 Abs. 1 und 2 Rom III-VO.

→ Zur Rom III-VO vgl. auch *Malkus/Pierenkemper/Schulz*, Einführung in das IPR

3. Die Frage, nach welchem Recht die **Wirksamkeit der Eheschließung durch Vertretung** zu beurteilen ist, richtet sich nach den deutschen Kollisionsnormen des EGBGB.

a) Als **Anknüpfungsgegenstand** kommt hier die Eheschließung in Betracht. Art. 13 Abs. 3 EGBGB regelt allein die Eheschließung in Deutschland und ist daher hier nicht einschlägig. **Art. 13 Abs. 1 EGBGB**, der sich auf die materiellen Voraussetzungen der Ehe bezieht, könnte hingegen eingreifen.

Die Norm verweist auf das jeweilige Heimatrecht der Ehepartner. D müsste dann die deutschen Vorschriften gewahrt haben. Ein Eheschluss im Wege der Stellvertretung verstößt aber gegen § 1311 BGB, der nur den höchstpersönlichen Eheschluss anerkennt.

---

§ Anknüpfung

= Methode, eine Rechtsfrage durch Bezugnahme auf einen Anknüpfungsgegenstand einer Rechtsordnung zur Beantwortung zuzuweisen. Der Tatbestand einer selbständigen Kollisionsnorm besteht aus Anknüpfungsgegenstand und Anknüpfungspunkt:

Anknüpfungsgegenstand

= Materie, für welche die einschlägigen Sachnormen des anzuwendenden Rechts festgestellt werden sollen, z.B. Vertrag, Ehe, Rechtsnachfolge von Todes wegen.

13

Anknüpfungspunkt (-moment)	

Anknüpfungspunkt (-moment)

stellt die Verbindung zwischen Anknüpfungsgegenstand und anwendbarem Recht her. Bsp.:

- Staatsangehörigkeit
- Wohnsitz
- gewöhnlicher Aufenthalt (residence)
- Handlungsort
- Belegenheitsort
- Gerichtsort
- Parteiwille
- Anknüpfung an andere Kollisionsnormen (Art. 5 EGBGB)

Malkus/Pierenkemper/Schulz, Einführung in das IPR, A.III.

b) Die Bedenken an der Wirksamkeit der Ehe kreisen allerdings um die Frage, ob der Abschluss in Form der sog. „Handschuhehe", d.h. statt durch persönliche Anwesenheit in Form der Vertretung durch einen Dritten, vorgenommen werden kann. Insoweit fragt sich, ob das **Formstatut gem. Art. 11 Abs. 1 EGBGB** die passendere Kollisionsnorm ist. Das ist der Fall, wenn die „Handschuhehe" als Formvorschrift zu qualifizieren ist.

c) Eine Zuordnung erfordert einen genaueren Blick auf das Institut der Handschuhehe. Die Regelung des Art. 111 ital. Codice civile muss erfasst und mit den Vorgaben der deutschen Rechtsordnung verglichen werden. Nur so ist die Einordnung als materiellrechtliche Norm oder Formvorschrift möglich.

aa) Bei Vornahme einer **funktionellen bzw. teleologischen Qualifikation** ist vorrangig nach Sinn und Zweck der höchstpersönlichen Eheschließung zu fragen. Sie dient der Beweissicherung, gibt Hinweise zur Bedeutung der Ehe und schützt vor Übereilung. All dies entspricht der typischen ratio von Formvorschriften (z.B. § 311b Abs. 1 S. 1 BGB beim Grundstückskauf, §§ 2274, 2276 BGB beim Erbvertrag).

→ Zu den Qualifikationsmethoden vgl. auch *Malkus/Pierenkemper/Schulz*, Einführung in das IPR

Die Eheschließung durch Stellvertretung sollte in derselben Weise qualifiziert werden. Bereits die Struktur des Art. 111 ital. Codice

14

civile zeigt, dass die Handschuhehe nur eine Ausnahme zum höchstpersönlichen Eheschluss nach Art. 106 und 107 ital. Codice civile darstellt. Sie weist daher als Gegenstück zum höchstpersönlichen Eheschluss denselben Normcharakter auf und sollte daher als Formfrage unter das Formstatut des Art. 11 Abs. 1 EGBGB subsumiert werden.

bb) Die **Qualifikation der „Handschuhehe"** als Formvorschrift oder inhaltliche Voraussetzung einer Ehe muss weiter vom Ausmaß der Stellvertretung abhängig gemacht werden. Hier sind zwei Arten des Eheschlusses im Wege der Stellvertretung zu unterscheiden:

(1) Liegt eine reine **Stellvertretung in der Erklärung** vor, die große Ähnlichkeiten zur Botenschaft aufweist, so spricht dies nach den oben genannten Gründen für die Einordnung als Formvorschrift.

(2) Hat V demgegenüber einen Entscheidungsspielraum, kann er etwa selbst eine Braut aussuchen, so liegt eine **Stellvertretung im Willen** vor. Der Wille der Verlobten zur Eheschließung stellt aber gerade das wesentliche Element der Eheschließung dar. Eine Vertretung könnte dann nicht mehr als bloße Formvorschrift qualifiziert werden, sondern gehört dann schon zu den materiellen Voraussetzungen der Ehe (*So kennen etwa das Recht Ägyptens, das Recht von Marokko und das Recht des Irans dieses Prinzip*).

(3) Art. 111 ital. Codice civile meint aber allein den ersten Fall. Dies wird durch den dritten Absatz verdeutlicht, wonach die Person, mit der die Ehe eingegangen werden soll, in der Vollmacht angegeben werden muss. V handelt daher als „Stellvertreter mit gebundener Marschroute"; er hat lediglich das Eheversprechen des D an die F zu übermitteln, ihm kommt dabei keinerlei eigener Entscheidungsspielraum zu. Mithin liegt eine reine Formfrage vor.

Zwischenergebnis: Das Formstatut des Art. 11 Abs. 1 EGBGB ist einschlägig.

4. Art. 11 Abs. 1 EGBGB verweist sowohl auf das Wirkungsstatut als auch auf den Ort der Vornahme des Rechtsgeschäfts, hier den **Ort der Heirat** *(lex loci celebrationis)*. Diese alternative Anknüpfung verwirklicht das Günstigkeitsprinzip *(favor negotii)*,

d.h. es vermindert das Risiko der Formunwirksamkeit bei internationalen Geschäften, das dadurch entsteht, dass die Parteien mit ausländischen Formvorschriften typischerweise nicht vertraut sind.

Fraglich ist, wo genau der Eheschließungsort liegt. So könnte neben dem Ort der Trauung (Italien) auch der Ort der Vollmachterteilung (Deutschland) als maßgeblich angesehen werden. Liegt der **Vornahmeort** in Deutschland, wäre die Ehe schon mangels Mitwirkung eines deutschen Standesbeamten nicht zustande gekommen, vgl. § 1310 Abs. 1 BGB. Vornahmeort ist grundsätzlich der **Ort, an dem eine Willenserklärung abgegeben** wird.

a) Bei nicht empfangsbedürftigen Willenserklärungen wäre das der Ort, an dem die Erklärung zu Papier gebracht wurde. Bei der Vollmacht handelt es sich um eine einseitige empfangsbedürftige Willenserklärung. Der Vornahmeort liegt dann an dem **Ort**, an dem die **Willenserklärung** durch den Erklärenden so **auf den Weg gebracht wurde**, dass sie unter normalen Umständen ohne weiteres Zutun zum Empfänger gelangt, z.B. bei der Übergabe an einen Boten. Wäre V als Bote einzuordnen, so wäre Deutschland der Vornahmeort.

b) Eine Ehe wird allerdings erst dort eingegangen, wo die zur ehelichen Bindung führenden Erklärungen zusammentreffen. V ist diesbezüglich nicht als bloßer Bote zu qualifizieren, sondern als Stellvertreter mit gebundener Marschroute. Er hat den Ehewillen des D als Vertreter zu erklären und die Erklärungen der I und des Standesbeamten entgegenzunehmen. Eine Funktion, die einem bloßen Boten, der auch ein Kind oder ein geistig behinderter Mensch sein kann, anvertraut werden kann, liegt demnach nicht vor und wäre mit der Bedeutung der Eheschließungshandlung nicht vereinbar. In Deutschland wurden nur die Voraussetzungen geschaffen - die **Willenserklärung** wurde **durch** den **Stellvertreter in Italien abgegeben**.

Der Vornahmeort liegt folglich in Italien.

5. Anwendung des italienischen Rechts

Bei der Verweisung handelt es sich um eine **Sachnorm-verweisung**, so dass gem. Art. 3a Abs. 1 EGBGB allein das materielle Recht Italiens zu prüfen ist, nicht aber das italienische Kollisionsrecht.

Die materiellen Voraussetzungen des **Art. 111 ital. Codice civile** liegen vor. Einen besonderen Grund i.S.d. Art. 111 Abs. 2 ital. Codice civile stellen die für D bestehenden Gefahren dar. Ob der Wunsch der I, im Kreise ihrer Familie zu heiraten, einen besonderen Grund darstellt, ist dagegen fraglich. Die Anerkennung durch den italienischen Standesbeamten spricht dafür. Auch wurde die Vollmacht notariell beurkundet, wie Art. 111 IV ital. Codice civile es fordert. Mithin liegen die Voraussetzungen der Eheschließung nach italienischem Recht vor.

6. Die Ehe könnte dennoch nach deutschem Recht unwirksam sein, wenn ein Verstoß gegen den *ordre public* nach **Art. 6 EGBGB** vorliegt. Dann müsste ein grober Verstoß gegen die guten Sitten oder den Zweck der deutschen Rechtsordnung gegeben sein. Dieser ist jedoch nicht ersichtlich: Insbesondere eine Verletzung der durch Art. 2 Abs. 1 i.V.m. Art. 6 Abs. 1 GG geschützten Eheschließungsfreiheit ist bei der Ausgestaltung als Stellvertretung in der Erklärung nicht zu befürchten. Auch hatte der deutsche Gesetzgeber einst selbst die Einführung der Eheschließung durch Stellvertreter erwogen und zu Kriegszeiten eine Ferntrauung zugelassen.

> → zum *ordre public* vgl. die Fall 3 *„Talaq – Scheidung durch die Ehefrau?"*, Fall 4 *„Keine indischen Verhältnisse?"* sowie *Malkus/Pierenkemper/Schulz*, Einführung in das IPR

Folglich wurde die Ehe zwischen D und I wirksam geschlossen.

Ferner liegen auch die weiteren Voraussetzungen des Ehewirkungsstatuts des § 1357 Abs. 1 BGB vor.

Ergebnis: E hat gegen D einen Anspruch auf Bezahlung des von seiner Frau bestellten Fernsehers gem. § 433 Abs. 2 BGB i.V.m. § 1357 Abs. 1 S. 2 BGB.

? *Wiederholungs- und Vertiefungsfragen*

1. **Abwandlung:** I ist nicht Italienerin, sondern iranische Staatsangehörige. Die Heirat findet im Iran statt. Nach iranischem Recht kann der Stellvertreter die Braut selbst auswählen. Welche Änderungen ergeben sich?

2. An welche Kollisionsnorm ist der Bruch eines Verlöbnisses anzuknüpfen?

3. Erläutern Sie Begriff und Funktion des *ordre public*. Nennen Sie Fallkonstellationen des Familienrechts, die gegen den deutschen *ordre public* verstoßen.

✔ *Lösungen der Wiederholungs- und Vertiefungsfragen*

1. Nunmehr handelt es sich um eine materielle Handschuhehe. Diese bestimmt sich nach dem Eheschließungsstatut gem. Art. 13 Abs. 1 EGBGB, so dass die Ehe nach deutschem Recht wegen Verstoßes gegen § 1311 S. 1 BGB unwirksam ist.

2. Eine spezielle Kollisionsnorm für das Verlöbnis enthält das EGBGB nicht. Aufgrund der Nähe zum Eherecht (Verlöbnis als Vorstufe zur Ehe) wird Art. 14 Abs. 1 EGBGB analog angewendet. Davon abzugrenzen sind deliktische Handlungen während des Verlöbnisses (Bsp.: Verlobte schiebt Eheschließung lange Zeit hinaus, um von ihrem Verlobten wertvolle Geschenke zu bekommen und betrügt ihn anschließend). In diesen Fällen greift das Deliktsstatut gem. Art. 40 Abs. 1 EGBGB.

3. Zu Begriff, Funktion und Verstößen gegen den *ordre public* nach Art. 6 EGBGB

➔ vgl. *Malkus/Pierenkemper/Schulz*, Einführung in das IPR

Gegen den *ordre public* verstoßen:
- Ehehindernis der Religionsverschiedenheit
- Ehehindernis der Geschlechtsumwandlung
- Zulässigkeit der Mehrehe
- Rechtsordnungen, die Kinder unter 14 Jahren für ehemündig erklären oder die Eheschließung unter Blutsverwandten (über § 1307 BGB hinaus) erlauben.

18

Auch die in Frage 1 geschilderte Eheschließung im Wege der Stellvertretung dürfte gegen den *ordre public* gem. Art. 6 EGBGB verstoßen (str.), da sie einem gegen Art. 2 Abs. 1 i.V.m. Art. 6 Abs. 1 GG verstoßenden Eheschließungszwang gleich kommen kann.

Fall 2: Die Morgengabe

▶ **Themen:** In Anlehnung an BGH NJW 1987, 2161; NJW 2010, 1528; OLG Hamm, NJOZ 2013, 1006; Qualifikation, Angleichung, allg. Ehewirkungen ★★

Soraya (S) und Knut (K) leben seit 1995 in Deutschland. Im Jahr 2002 schlossen sie im Iran formgültig die Ehe. Zu diesem Zeitpunkt war K Deutscher und S iranische Staatsangehörige. K verpflichtete sich bei der Eheschließung zur Leistung einer Morgengabe (*mahr*), die in der Zahlung von 15.000.000 iranischen Rial bestand. 2015 wird die Ehe rechtskräftig geschieden. S klagt vor einem deutschen Gericht auf die Zahlung des als Morgengabe vereinbarten Geldbetrags, angepasst an die iranische Geldentwicklung (nun 20.000.000 Rial). Dies wäre nach Art. 1082 iran. ZGB zulässig.

Zu Recht?

Bearbeiterhinweis: Von der formgültigen Vereinbarung der *mahr* ist auszugehen. Internationale Abkommen sind nicht zu berücksichtigen.

Anspruch der S nach Art. 1082 iran. ZGB?
I. Sachverhalt mit Auslandsberührung nach Art. 3 a.E. EGBGB
II. Bestimmung des maßgeblichen IPR
III. Bestimmung der maßgeblichen Kollisionsnorm
  (P) Qualifikation der *mahr*
    1. e.A. unterhaltsrechtlich
    2. a.A. güterrechtlich
    3. a.A. kontextbezogen
    4. h.M. allg. Ehewirkung
IV. Anwendung des berufenen Sachrechts
  - Anpassung nach Wegfall der Geschäftsgrundlage?
V. Ergebnis

S könnte gegen K einen Anspruch auf Zahlung der vereinbarten Morgengabe mit Inflationszuschlag nach Art. 1082 iran. ZGB haben.

Dazu müsste auf die Vereinbarung zwischen S und K iranisches Recht anwendbar sein.

Welches Recht anwendbar ist, bestimmt sich vor einem deutschen Gericht anhand der Regeln des EGBGB.

I. Zur Anwendung des EGBGB müsste zunächst ein Fall mit **Auslandsberührung** nach Art. 3 a.E. EGBGB vorliegen.

Der Sachverhalt weist durch die Staatsangehörigkeit der S und die Eheschließung im Iran Auslandsberührung auf. Das auf den Sachverhalt anwendbare Recht ist daher gem. Art. 3 a.E. EGBGB nach den Vorschriften des Kollisionsrechts zu bestimmen.

II. Das **anwendbare einzelstaatliche IPR** bestimmt sich, soweit bereits eine Klage anhängig ist, nach den Regeln des Staates, in dem sich das Gericht befindet, der sog. *lex fori*.

S klagt vor einem deutschen Gericht, mithin ist das anwendbare Recht nach deutschem IPR, somit nach den Regeln des EGBGB, zu bestimmen.

III. Bestimmung des maßgeblichen Statuts

Um die anwendbare Kollisionsnorm, das maßgebliche Statut, bestimmen zu können, ist zunächst festzustellen, welche Sachfragen betroffen sind.

S fordert von K die Zahlung einer um die Inflation bereinigten sog. Morgengabe.

Die Morgengabe ist nach islamischem Recht ein Schenkungsversprechen über Geld oder sonstige Vermögensgüter des Mannes an die Frau anlässlich Eheschließung. Dem deutschen Recht ist dagegen eine solche Morgengabe unbekannt. Um die hier anwendbare Kollisionsnorm ermitteln zu können, ist daher eine **Qualifikation** der Morgengabe notwendig.

§ Qualifikation im IPR

Begriff:

Qualifikation bedeutet im IPR nichts anderes als die Subsumtion des Sachverhalts unter den Anknüpfungsgegenstand der jeweiligen Kollisionsnorm.

(1) In einem 1. Schritt sind dabei die Systembegriffe der Anknüpfungsgegenstände wie "Geschäftsfähigkeit" (Art. 7 Abs. 1 S. 1 EGBGB) oder "allgemeine Wirkungen der Ehe" (Art. 14 Abs. 1 EGBGB) heranzuziehen. Diese Begriffe müssen dann u.U. ausgelegt werden, um festzustellen, wie weit der Anwendungsbereich der IPR-Norm tatsächlich reicht.

(2) Im 2. Schritt ist dann der Lebenssachverhalt des Falles unter den Anknüpfungsgegenstand der Kollisionsnorm zu subsumieren. Diese Subsumtion ist die Qualifikation.

Probleme i.R.d. Qualifikation:

(P1) Das fremde Rechtsinstitut ist dem deutschen Recht unbekannt und lässt sich daher nur schwer einer Kollisionsnorm des deutschen IPR zuordnen.

Z.B. die italienische "Trennung von Tisch und Bett" *("separazione giudiciale")*: Sie hebt die Verpflichtung zur ehelichen Lebensgemeinschaft auf, obwohl das Eheband formal fortbesteht (vgl. BGHZ 47, 323).

(P2) Das ausländische Recht ordnet ein Rechtsinstitut an einer systematisch anderen Stelle ein als das deutsche Recht.

So bewirkt etwa die amerikanische "Statutes of Frauds" einen Ausschluss des Zeugenbeweises für bestimmte Arten von Rechtsgeschäften, bei denen die Gefahr von Falschaussagen besonders groß ist. Diese Rechtsgeschäfte können daher nicht mündlich, sondern nur in schriftlicher Form abgeschlossen werden. Das deutsche Recht ordnet dies als materielle Formvorschrift ein, das US-Recht dagegen prozessrechtlich.

(P3) Bestehen Abweichungen zwischen dem deutschen materiellen Recht und dem deutschen IPR, ist unklar, wie das Rechtsinstitut einzustufen ist, da manche Rechtsinstitute materiell unklar sind und sich daher nur schwer einer Kollisionsnorm

22

zuordnen lassen. Dies gilt z.B. bei Zugewinnausgleich und Ehegattenerbrecht nach §§ 1371 Abs. 1, 1931 BGB und dem Anspruch auf Zuteilung von Hausrat und Ehewohnung nach §§ 1361a, b BGB.

Lösungsmöglichkeiten:

(1) Den einfachsten Ausweg bietet nach h.M. die Qualifikation nach der **lex fori**, dem Recht des Landes, in dem der Anspruch eingeklagt wird. Die Begriffe werden demnach ebenso ausgelegt wie im deutschen materiellen Recht.

(2) Dagegen könnte auch das auf den Sachverhalt anwendbare Recht, die **lex causae**, entscheiden, wie das Lebensverhältnis zu qualifizieren ist und unter welche Kollisionsnorm es fällt.

(3) In bestimmten Fällen bietet die Qualifikation nach der **lex fori** keine Lösung; denn wie soll eine Kollisionsnorm für einen Gegenstand herangezogen werden, der dem deutschen Recht gänzlich unbekannt ist? Dann nimmt die h.M. eine sog. **funktionelle Qualifikation** vor. Dabei wird die Funktion, die das Rechtsinstitut im Ausland hat, mit deutschen Rechtsinstrumenten verglichen und das jeweils passende Statut herangezogen.

📖 *Malkus/Pierenkemper/Schulz*, Einführung in das IPR, A.IV.

Da die Morgengabe dem deutschen Recht unbekannt ist, muss nach h.M. eine **funktionelle Qualifikation** erfolgen.

→ zur funktionellen Qualifikation vgl. Fall 13 *„Ferrari inkl. Hypothek"*

Entscheidend ist damit die Funktionsähnlichkeit deutscher Rechtsinstitute. Das anwendbare Recht bestimmt sich dann anhand der Kollisionsnorm, die für das funktionsähnliche Rechtsinstitut einschlägig wäre.

Es ist daher festzustellen, welchem deutschen Rechtsinstitut die Morgengabe in ihrer Funktion ähnelt. Die Morgengabe zielt darauf ab, die Ehefrau für den Fall der Scheidung oder des Todes des Ehemannes materiell abzusichern und begründet nach islamischem Recht einen **rechtsverbindlichen Zahlungsanspruch**.

Als Zahlungsanspruch der Ehefrau gegen ihren Mann anlässlich einer Scheidung oder des Todes des Ehemannes könnte die Morgengabe deutschen Rechtsinstituten aus den allgemeinen Ehewirkungen, dem Güterrecht, dem Unterhaltsrecht, aber auch dem Erbrecht zugeordnet werden.

1. Nach **e.A.** ist die Morgengabe **unterhaltsrechtlich zu qualifizieren.**

Die unterhaltsrechtliche Qualifikation richtet sich nach dem **Haager Protokoll über das auf Unterhaltspflichten anzuwendende Recht vom 23.11.2007 (HUP),** nachdem dieses Art. 18 EGBGB a.F. im Jahr 2011 ersetzt hat.

Der Anwendungsbereich des Protokolls ist gem. Art. 1 Abs. 1 HUP eröffnet, da Unterhaltspflichten, die sich aus der Ehe ergeben, in Streit stehen.

Eine Rechtswahl zwischen S und K gem. Art. 7 HUP liegt nicht vor. Auch haben weder S noch K eine Einrede gem. Art. 5 HUP gegen eine Anknüpfung nach dem Unterhaltsstatut erhoben.

Damit gilt die allgemeine Regel des Art. 3 Abs. 1 HUP. Es ist das Recht des Staates maßgebend, in dem die berechtigte Person ihren gewöhnlichen Aufenthalt hat. Die S als berechtigte Person hat ihren gewöhnlichen Aufenthalt in Deutschland.

Mithin wäre nach dieser Ansicht deutsches Recht anwendbar.

2. Eine **a.A.** befürwortete eine **güterrechtliche Qualifikation** der *mahr* nach Art. 15 EGBGB a.F.

Nach Art. 15 Abs. 1 EGBGB a.F. ist grundsätzlich das Recht der allgemeinen Ehewirkungen nach Art. 14 EGBGB einschlägig.

Davon ist jedoch nach Art. 15 Abs. 2 EGBGB a.F. eine Ausnahme zu machen, wenn S und K für die güterrechtlichen Wirkungen ihrer Ehe eine Rechtswahl getroffen hätten. Eine solche Rechtswahl könnte hier konkludent durch die Vereinbarung eines Rechtsinstituts nach islamischem Recht getroffen worden sein. Die *mahr* ist jedoch vorwiegend religiös geprägt und nicht zwingend mit

24

einem nationalen Recht verbunden. Es ist somit nicht von einer Rechtswahl auszugehen.

Art. 14 Abs. 1 Nr. 1 EGBGB knüpft für das Recht der allgemeinen Ehewirkungen primär an das Recht der Staatsangehörigkeit der beiden Ehegatten an. Kann dieses Recht allerdings, in Folge fehlender gemeinsamer Staatsangehörigkeit, nicht einheitlich bestimmt werden, ist nach der alternativen Anknüpfung des Art. 14 Abs. 1 Nr. 2 EGBGB an das Recht des Ortes des gewöhnlichen Aufenthalts anzuknüpfen. Da S und K ihren gewöhnlichen Aufenthalt in Deutschland haben, wäre somit auch nach dieser Ansicht deutsches Recht anzuwenden.

3. Nach einer **weiteren Auffassung** ist der **Kontext entscheidend**. Bei bestehender Ehe gilt dann das Ehewirkungsstatut, bei Geltendmachung im Zuge einer Scheidung das Scheidungsstatut und bei Forderung der Morgengabe nach dem Tod des Ehemannes das Erbstatut.

Da S von K die *mahr* im Rahmen der Abwicklung ihrer Ehe fordert, wäre nach dieser Auffassung das Scheidungsstatut einschlägig. Unabhängig von der Einordnung als vermögensrechtliche Streitigkeit i.S.d. Art. 17 Abs. 1 EGBGB oder als Versorgungsausgleich i.S.d. Art. 17 Abs. 3 EGBGB verweisen die Regelungen auf die Rom III-VO. Mangels Rechtswahl wird gem. Art. 8 lit. a Rom III-VO an das Recht des Staates angeknüpft, in dem die Ehegatten zum Zeitpunkt der Scheidung ihren gewöhnlichen Aufenthalt haben. Es wäre demnach wiederum deutsches Recht anwendbar.

4. Nach **h.M.** wird die Morgengabe, jedenfalls dann, wenn sie nicht schon bei der Eheschließung bezahlt wird, den **allgemeinen Wirkungen der Ehe** zugeordnet und dem Art. 14 EGBGB unterstellt.

Wie oben gezeigt, wäre dann nach Art. 14 Abs. 1 Nr. 2 EGBGB deutsches Recht anzuwenden.

Da im vorliegenden Fall nach allen Ansichten deutsches Recht anwendbar ist, kann offengelassen werden, wie die *mahr* zu qualifizieren ist.

Sollte in einer anderen Fallkonstellation eine Entscheidung nötig sein, sprechen folgende Argumente für die h.M. (vgl. OLG Hamm, NJOZ 2013, 1006):

- Für eine unterhaltsrechtliche Qualifikation mag sprechen, dass der Morgengabe auch die Funktion zukommt, die Braut finanziell abzusichern. Gegen eine ausschließlich unterhaltsrechtliche Qualifikation der Morgengabe spricht hingegen, dass diese keine Bedürftigkeit der Ehefrau oder Leistungsfähigkeit des Ehemannes voraussetzt.
- Für eine güterrechtliche Qualifikation spricht, dass sie primär die vermögensrechtliche Beziehung zwischen den Ehegatten betrifft. Gegen eine güterrechtliche Zuordnung spricht hingegen, dass die Morgengabe für sich genommen keinen Güterstand begründet und auch nicht zur Teilhabe der Ehefrau an der weiteren wirtschaftlichen Entwicklung des Vermögens des Ehemannes führt.
- Gegen eine vom Kontext abhängige Qualifikation spricht, dass die Morgengabe mit der Eheschließung entsteht und ihren rechtlichen Charakter nicht wandelt.
- Letztlich dient die Morgengabe nach iranischem Recht nicht allein der finanziellen Absicherung der Frau, sondern stellt auch eine Gegengabe für die Erfüllung ehelicher Pflichten dar, da ihre Auszahlung in verschiedener Weise davon abhängig gemacht wird.

Damit weist die *mahr* Berührungspunkte und Ähnlichkeiten mit verschiedenen deutschen Rechtsinstituten, wie dem ehelichen bzw. nachehelichen Unterhaltsrecht, dem Ehegüterrecht, dem Scheidungs- und Erbrecht auf, doch lässt sie sich keinem dieser Institute und somit auch keinem speziellen Statut zuordnen. Art. 14 EGBGB ist dagegen ein Auffangtatbestand für die allgemeinen Wirkungen der Ehe, für die keine speziellen Regelungen bestehen. Die *mahr* ist damit mit der h.M. gem. Art. 14 EGBGB als Frage der allgemeinen Ehewirkungen zu qualifizieren.

Beachte: Für ab dem **29.1.2019 geschlossene Ehen** unterfällt die Morgengabe – sofern sie nicht im Einzelfall eine Unterhaltsfunktion hat – dem **Anwendungsbereich der EU-Güterrechtsverordnung (EuGüVO)**. Dieser umfasst sämtliche vermögensrechtlichen Regelungen, die zwischen den Ehegatten und ihren Beziehungen zu Dritten aufgrund der Ehe oder der Auflösung der Ehe gelten und damit sowohl das Güterrecht als auch die allgemeinen Ehewirkungen. Eine Unterscheidung zwischen Güterrecht und allgemeinen Ehewirkungen (wie sie oben zwischen Art. 14 EGBGB und Art. 15 EGBGB a.F. erfolgt ist) erübrigt sich damit.

Nach der EuGüVO unterliegen die güterrechtlichen Verhältnisse
- grundsätzlich dem Recht des Staates, in dem die Ehegatten ihren ersten gemeinsamen gewöhnlichen Aufenthalt nach der Eheschließung haben.
- In der Vereinbarung der Morgengabe ist (wie oben unter III.2. ausgeführt) keine konkludente Rechtswahl i.S.v. Art. 26 Abs. 3 EuGüVO zu sehen.
- Nur wenn ein gemeinsamer gewöhnlicher Aufenthalt fehlt, gilt das Recht der gemeinsamen Staatsangehörigkeit, Art. 26 Abs. 1 lit. b EuGüVO.
- Fehlt auch eine gemeinsame Staatsangehörigkeit, gilt das Güterrecht des Staates, mit dem die Ehegatten unter Berücksichtigung aller Umstände im Zeitpunkt der Eheschließung gemeinsam am engsten verbunden sind, Art. 26 Abs. 1 lit. c EuGüVO.

Die Streitfrage ist dementsprechend nach deutschem Sachrecht zu beurteilen.

IV. Anwendung des deutschen Sachrechts

Nach deutschem Sachrecht stellt die *mahr* eine ehevertragliche Zahlungszusage des Ehemannes dar. Die Verpflichtung besteht in der Zusage der Zahlung der festgesetzten Geldsumme an die Ehefrau.

Anders als im iranischen Recht ist im deutschen Recht eine automatische Anpassung dieser Summe an die Inflation nicht vorgesehen.

In Betracht kommt lediglich eine Vertragsanpassung nach den Grundsätzen über den Wegfall der Geschäftsgrundlage nach § 313 Abs. 1 BGB. Dazu wäre eine schwerwiegende Änderung der Umstände, die zur Grundlage des Vertrages geworden sind, nötig. Solche Umstände, die zu einer Äquivalenzstörung führen, können grundsätzlich im Falle von Inflation gegeben sein. Dafür bedarf es jedoch einer Geldentwertung von über 60%, die hier nicht vorliegt.

Dementsprechend ist eine Anpassung des zu zahlenden Geldbetrages nach § 313 Abs. 1 BGB nicht vorzunehmen.

V. Ergebnis: Es besteht daher nur ein Zahlungsanspruch der S gegen K i.H.v. 15.000.000 Rial ohne Inflationsausgleich.

? *Wiederholungs- und Vertiefungsfragen*

1. Welche drei zentralen Probleme der Qualifikation lassen sich unterscheiden? Wie sind sie zu lösen?

2. Nennen Sie weitere Beispiele für dem deutschen Recht ebenfalls unbekannte Rechtsinstitute!

3. Welche Funktion kommt der Morgengabe zu?

4. Was ist eine Scheidung nach dem Bande und wie ist sie zu qualifizieren?

28

✔ *Lösungen der Wiederholungs- und Vertiefungsfragen*

1. vgl. Kasten *„Qualifikation im IPR"*

2. Weitere Beispiele sind:
- *Ketubah* des jüdischen Rechts (mit der islamischen Morgengabe vergleichbar)
- Trust im anglo-amerikanischen Recht
- Handschuhehe → vgl. Fall 1 *„Die Handschuhehe"*
- Registerpfandrecht im französischen Recht

3. Die Morgengabe ist ein vor oder bei der Eheschließung vereinbartes Brautgeld, welches der Ehemann an seine Ehefrau zahlt. Sie dient der finanziellen Absicherung der Ehefrau im Fall des Todes des Ehemanns oder der Scheidung. Ebenso schützt die Morgengabe vor der Verstoßung durch den Ehemann.

4. Die "Scheidung dem Bande nach" des italienischen Rechts ist eine dem deutschen Recht unbekannte Eheauflösung unter Aufrechterhaltung des Ehebandes. Der BGH qualifizierte es als "Trennung von Tisch und Bett" aufgrund ähnlicher Funktion und vergleichbarer Rechtsfolgen, vgl. BGHZ 47, 323.

�֎ Rom III-VO - Prüfungsschema

A. Bestimmung des anwendbaren Rechts

I. Anwendungsbereich

1. Sachlich, Art. 1 Abs. 1 Rom III-VO: Das internationale Scheidungsrecht wird durch die Verordnung (EU) Nr. 1259/2010 (= Rom III-VO) geregelt

> a) **Ehescheidung** oder Trennung ohne Auflösung des Ehebandes
>
> b) die Ehescheidung muss eine **Verbindung zum Recht verschiedener Staaten** aufweisen. (Rechtswahl gem. Art. 5 Rom III-VO auch möglich, wenn noch kein Auslandsbezug)]
>
> c) **Art. 1 Abs. 2 Rom III-VO**: Das Recht der Eheschließung, der Ehewirkungen und der sonstigen in Art. 1 Abs. 2 Rom III-VO aufgeführten Regelungsgegenstände richtet sich weiterhin nach den Art. 13 ff. EGBGB.
> (Allerdings verweisen Art. 17 Abs. 1 und Abs. 3 EGBGB für vermögensrechtliche Scheidungsfolgen und den Versorgungsausgleich ihrerseits auf die Rom III-VO)

2. zeitlich, Art. 18 Rom III-VO: Die Rom III-VO gilt für Scheidungsverfahren, die ab dem 21.6.2012 eingeleitet wurden.

II. Anknüpfung nach der Rom III-VO

1. Art. 5 Rom III-VO – Rechtswahl
a) wählbare Rechtsordnung, Art. 5 Abs. 1 Rom III-VO:

> - gemeinsamer gewöhnlicher Aufenthalt
> - letzter gemeinsamer gewöhnlicher Aufenthalt, wenn ein Ehegatte sich weiterhin dort gewöhnlich aufhält
> - Staatsangehörigkeit eines Ehegatten zZ Rechtswahl
> - lex fori

30

b) Zeitpunkt:

- vorprozessual jederzeit, Art. 5 Abs. 2 Rom III-VO
- im Prozess bis zum Schluss der Verhandlung, Art. 46d Abs. 2 EGBGB

c) Form, Art. 7 Rom III-VO:

- in Deutschland gem. Art. 46d EGBGB durch notarielle Beurkundung
- insb. in Form eines gerichtlichen Vergleichs i.S.d. § 127a BGB durch Aufnahme der Erklärungen ins Protokoll

d) Einigung und materielle Wirksamkeit, Art. 6 Rom III-VO
richtet sich nach dem hypothetisch anzuwendenden Recht

wenn Rechts-wahl (-)	**2. Art. 8 Rom III-VO – objektive Anknüpfung**
	a) gewöhnlicher Aufenthalt der Ehegatten

b) letzter gemeinsamer gewöhnlicher Aufenthalt (wenn max. 1 Jahr und ein Ehegatte dort noch gewöhnlichen Aufenthalt hat)

c) gemeinsames Heimatrecht beider Ehegatten

d) *lex fori*

B. Anwendung des maßgeblichen Rechts

C. (falls erforderlich) **Ergebniskorrektur**
- Art. 12 Rom III-VO – *ordre public*
- Art. 10 Rom III-VO
- Art. 13 Var. 2 Rom III-VO

📖 *Malkus/Pierenkemper/Schulz*, Einführung in das IPR; *Gade,* JuS 2013, 779

Fall 3: Talaq – Scheidung durch die Ehefrau?

▶ **Themen:** OLG Hamm, NJOZ 2013, 1524; Scheidungsstatut nach Rom III-VO, Rechtswahl, ordre public ★★

Milad (M) ist iranischer Staatsangehöriger. Dilara (D) ist gebürtige Iranerin und deutsche Staatsangehörige. Sie schließen im Jahr 2010 im Iran die Ehe. In ihrer Heiratsurkunde vereinbaren sie folgende Bedingungen:

„(1) Der Ehemann kann den *talaq* aussprechen.
(2) Die Ehefrau wird hiermit bevollmächtigt, als Vertreterin ihres Ehemannes aus folgenden Gründen den *talaq* aussprechen zu können: (...)" Die Bedingungen entsprechen weitgehend den Vorschriften des iranischen ZGB.

Seit 2012 leben M und D gemeinsam in Essen. Seitdem kommt es zu zahlreichen Gewalttätigkeiten des M gegen seine Ehefrau D. In deren Folge leben M und D seit Anfang 2014 getrennt voneinander.

D reicht am 22.6.2015 die Scheidung beim zuständigen Amtsgericht ein. Dabei beruft sie sich auf die Scheidungsvoraussetzungen des deutschen Eherechts. In der Verhandlung spricht D in Anwesenheit ihres Rechtsanwaltes und des Richters dreimal die Worte „talaq" (sinngemäß: „ich verstoße dich") aus. M stimmt der Scheidung nicht zu.

Ist die Scheidung der D von M wirksam?

Nach Art. 1133, 1134 iran. ZGB kann die Ehe durch den Ehemann durch den (dreimaligen) Ausspruch *„talaq"* gegenüber seiner Ehefrau in Anwesenheit von zwei gerechten Männern geschieden werden.

Bearbeitervermerk: Es ist davon auszugehen, dass die Vollmachtserteilung gem. Art. 1138 iran. ZGB wirksam ist und die vereinbarten Scheidungsgründe vorliegen.

> **Wirksamkeit der Scheidung?**
> I. Anwendungsbereich der Rom III-VO
> (II. keine objektive Anknüpfung gem. Art. 8 lit. a Rom III-VO)
> III. Rechtswahl gem. Art. 5 Rom III-VO
> V. Anwendung des berufenen Sachrechts: iranisches Scheidungsrecht
> VI. kein Verstoß gegen den *ordre public* gem. Art. 12 Rom III-VO
> VII. kein Verstoß gegen das Verbot der Ungleichbehandlung gem. Art. 10 Rom III-VO
> VIII. Ergebnis

Zu untersuchen ist, ob die Scheidung der D von M wirksam ist.

Das Scheidungsstatut bestimmt sich nach der Rom III-VO.

I. Der **Anwendungsbereich** der Rom III-VO müsste eröffnet sein, Art. 1 Rom III-VO.

1. In **sachlich**er Hinsicht ist der Anwendungsbereich eröffnet:

a) Es handelt sich um eine Scheidung.

b) Es besteht ein Bezug zum Recht eines anderen Staates, da die Ehepartner iranische Staatsangehörige sind.

c) Ein Ausschluss i.S.d. Art. 1 Abs. 2 Rom III-VO liegt nicht vor.

2. Auch in **zeitlicher** Hinsicht ist der Anwendungsbereich eröffnet. Die Rom III-VO ist nach Art. 21 seit dem 21.6.2012 in Kraft getretenes, in Deutschland verbindliches und unmittelbar geltendes Recht, das Scheidungsverfahren ist erst danach anhängig geworden.

Damit findet die Rom III-VO vorrangig und ausschließlich als Kollisionsregelung für die Ehescheidung von D und M Anwendung.

Anmerkung: Etwas anderes folgt auch nicht gem. **Art. 19 Abs. 1 Rom III-VO** durch **vorrangiges Völkerrecht.** Das Niederlassungsabkommen vom 17.2.1929 zwischen dem Deutschen Reich und dem Kaiserreich Persien in Verbindung mit dem Schlussprotokoll vom 4.11.1954 gilt vorliegend nicht, da nur M, nicht aber die D iranische Staatsbürgerin ist.

(**II.** Bei **objektiver Anknüpfung** gilt gem. **Art. 8 lit. a Rom III-VO** das Recht des Staates in dem die Parteien zum Zeitpunkt der Anrufung des Gerichts ihren Wohnsitz haben. Dies ist hier Deutschland, so dass deutsches Scheidungsrecht anzuwenden wäre.)

III. Vorrangig ist aber zu prüfen, ob nicht das Recht eines anderen Staates gewählt wurde. Gem. Art. 5 Rom III-VO ist eine solche **Rechtswahl** möglich.

1. Eine **Rechtswahlvereinbarung** könnte mit der Heiratsurkunde vorliegen. Darin wurde zwar nicht explizit die Geltung iranischen Rechts vereinbart. Jedoch entsprechen die dort festgehaltenen Regelungen den Regelungen des iranischen ZGB. Insoweit ist davon auszugehen, dass M und D die Geltung iranischen Rechts vereinbaren wollten.

2. Gem. **Art. 5 Abs. 1 lit. c Rom III-VO** kann das Recht des Staates gewählt werden, dessen **Staatsangehörigkeit** einer der Ehegatten zum Zeitpunkt der Rechtswahl besitzt. M ist und war zum Zeitpunkt der Rechtswahl iranischer Staatsangehöriger.

3. Die Rechtswahlvereinbarung kann gem. **Art. 5 Abs. 2 Rom III-VO jederzeit**, spätestens bei Anrufung des Gerichts geschlossen werden. Im Umkehrschluss kann sie auch schon zuvor, wie hier bei Eheschließung, getroffen werden.

4. Dass die Vereinbarung schon im Jahr 2010 und damit vor Geltung der Rom III-VO geschlossen wurde, ist gem. **Art. 18 Abs. 1 S. 2 Rom III-VO** unschädlich.

5. Die Vereinbarung müsste ferner **formwirksam** sein. Gem. **Art. 7 Abs. 1 Rom III-VO** erfordert dies die Schriftform. Nach Art. 46d EGBGB ist zusätzlich eine notarielle Beurkundung erforderlich. Die deutsche Formvorschrift kommt gem. Art. 7 Abs. 4 Rom III-VO zur Anwendung, wenn D ihren gewöhnlichen Aufenthalt in Deutschland hat. Ansonsten gelten die Formvorschriften des iranischen Rechts gem. Art. 7 Abs. 2 Rom III-VO. Die Frage mag dahinstehen, da die Heiratsurkunde jedenfalls beide Formanforderungen erfüllt.

6. Die insoweit wirksame Rechtswahl könnte dadurch, dass sich D auf deutsches Scheidungsrecht beruft, **widerrufen** worden sein. Art. 5 Abs. 2 und 3 Rom III-VO sehen aber allein die einvernehmliche nachträgliche Änderung der Rechtswahl vor. Auch Art. 6 Abs. 2 Rom III-VO ist vorliegend nicht einschlägig. Ein Widerruf der Rechtswahl liegt somit nicht vor.

Folglich ist iranisches Recht anwendbar.

IV. Anwendung iranischen Scheidungsrechts
Die Scheidungsvoraussetzungen nach iranischem Recht müssten vorliegen.

1. D hat die Scheidungsformel „*talaq*" bei der Verhandlung in Anwesenheit des M und zweier gerechter Männer (Rechtsanwalt und Amtsrichter) im Sinne der Art. 1133, 1134 iran. ZGB ausgesprochen.

2. Soweit die Art. 1133, 1134 iran. ZGB den Ausspruch des „*talaq*" an sich nur durch den Ehemann vorsehen, ist in der Heiratsurkunde der D von M unwiderruflich und wirksam i.S.d. Art. 1138 iran. ZGB die Vollmacht erteilt worden, in den in der Urkunde aufgeführten Fällen die Scheidungsformel aussprechen zu können.

3. Die in der Urkunde aufgeführten Scheidungsgründe liegen laut Bearbeitervermerk vor.

Damit liegt eine nach iranischem Recht wirksame Scheidung vor.

V. Verstoß gegen den *ordre public* gem. Art. 12 Rom III-VO?
Fraglich ist, ob diese „*talaq*"-Scheidung durch Verstoßung mit deutschem Recht vereinbar ist oder aber gem. Art. 12 Rom III-VO gegen den *ordre public* verstößt.

Dies ist der Fall, wenn die Anwendung der Grundsätze des *talaq* gegen elementare Prinzipien des deutschen Rechts und damit gegen die öffentliche Ordnung verstößt.

> **Beachte:** Eine abstrakte Überprüfung der ausländischen Rechtsinstitute, etwa des *talaq*, erfolgt nicht. Es ist auf das konkrete Ergebnis abzustellen. Selbst wenn die Norm an sich problematisch ist, ist das Ergebnis nicht zwangsläufig unzulässig.
>
> Das bedeutet, dass eine Scheidung durch *talaq* etwa dann nicht gegen den *ordre public* verstößt, wenn die Ehefrau der Scheidung zustimmt.

Ein Verstoß gegen den *ordre public* liegt dann nicht vor, wenn auch nach deutschem Scheidungsrecht die Voraussetzungen für eine Ehescheidung zu bejahen sind.

1. M und D leben seit Anfang 2014 – und damit seit über einem Jahr i.S.d. §§ 1565 Abs. 2 BGB, 1566 Abs. 1 und 1567 BGB – räumlich getrennt voneinander.

2. Aufgrund der zahlreichen Gewalttätigkeiten des M gegenüber D besteht eine tiefgreifende, zum endgültigen Scheitern führende zumindest einseitige Zerrüttung der Ehe.

Mithin hätte die Ehe zwischen M und D auch nach deutschem Recht wirksam geschieden werden können.

Ein Verstoß gegen den *ordre public* gem. Art. 12 Rom III-VO liegt im Ergebnis nicht vor.

---

§ *ordre public*

Entstehen durch die Verweisung auf ausländische Rechtsordnungen Ergebnisse, die mit wesentlichen Grundsätzen der nationalen Rechtsordnung unvereinbar sind, sorgt der *ordre public* nach Art. 6 EGBGB dafür, dass diese Normen nicht angewendet werden.

I. Spezialregeln des *ordre public*: Art. 13 Abs. 2 Nr. 3, 18 Abs. 2, 40 Abs. 3 EGBGB, Art. 12 Rom III-VO.

II. Voraussetzungen der Generalklausel, Art. 6 EGBGB:

    1. Eingreifen ausländischen Sach- oder Kollisionsrechts

    2. Ergebnis der Anwendung der ausländischen Norm wird an

36

den wesentlichen Grundsätzen der deutschen Rechtsordnung gemessen. Es stellt sich jedoch die Frage,
was diese wesentlichen Grundsätze sind?
- sie müssen durch die Rechtsprechung ausgestaltet
  werden
- Indizien sind z.B. Strafbewehrung bei einem Verstoß
  oder der Schutz durch die EMRK oder die Verfassung
- insbesondere die Grundrechte genießen auch dann
  Schutz, wenn durch Kollisionsrecht ausländisches Recht
  berufen wird

3. offensichtliche Unvereinbarkeit
Schwerwiegender Widerspruch der Anwendung der
ausländischen Norm zu Gerechtigkeitsvorstellungen
und Grundgedanken der deutschen Regelungen.

4. Relativität des *ordre public*
Es muss ein hinreichender Inlandsbezug gegeben sein. Je
schwächer der Inlandsbezug ist, umso intensiver muss der
Verstoß gegen die deutsche Rechtsordnung sein *et vice
versa*.

Die bloße Anrufung eines deutschen Gerichts genügt nicht,
schließlich soll Personen ohne Bezug zur deutschen
Rechtsordnung diese nicht aufgedrängt werden.

Beispielsfall: Tunesier M ist mit den zwei Frauen A und B verheiratet. Als
A und M sterben, beansprucht B ihr Erbe. Die bigamische Ehe verstößt
grds. gegen den deutschen *ordre public*. Da sie aber nur Vorfrage zur
Hauptfrage der Erbschaft ist, wird das *ordre-public*-widrige Rechtsverhältnis anerkannt (*effet atténue*), da ein hinreichender Inlandsbezug
fehlt.

Rechtsfolge:
→ Nichtanwendung der ausländischen Norm (u.U. auch des
  ausländischen IPRs)
→ Keine generelle Korrektur, nur Einzelfallmaßnahmen
→ Ersatzrecht je nach Falllage (möglich sind: *lex causae, lex
  fori* oder spezielle Sachnormen)

📖 *Malkus/Pierenkemper/Schulz*, Einführung in das IPR,
A.IX.

VI. Auch ein **Verstoß gegen das durch Art. 10 Rom III-VO** statuierte Verbot der Ungleichbehandlung ist nicht ersichtlich. Dies wäre etwa der Fall, wenn allein dem Ehemann das Recht zur Verstoßung zustehen würde. Vorliegend verhält es sich jedoch so, dass auch der Frau die Möglichkeit des *talaqs* zusteht. Insoweit liegt kein Verstoß gegen Art. 10 Rom III-VO vor.

VII. Ergebnis: Die Scheidung der D von M durch Ausspruch des *talaq* ist wirksam.

? *Wiederholungs- und Vertiefungsfragen*

1. Welche Staatsangehörigkeit ist für eine Rechtswahl nach Art. 5 Rom III-VO oder eine objektive Anknüpfung gem. Art. 8 Rom III-VO maßgeblich, wenn die Ehegatten mehr als eine gemeinsame Staatsangehörigkeit haben?

2. Wird auch die Auflösung der gleichgeschlechtlichen Ehe durch die Rom III-VO geregelt?

✔ *Lösungen der Wiederholungs- und Vertiefungsfragen*

1. Aus der Stellung und Sinn und Zweck des Erwägungsgrundes 22 wird Folgendes geschlossen:
- bei der Rechtswahl gem. Art. 5 Rom III-VO können die Ehegatten das Recht eines der Staaten wählen, dessen Staatsangehörigkeit sie gemeinsam haben;
- bei der objektiven Anknüpfung gem. Art. 8 Rom III-VO wird auf das nationale Recht verwiesen. Soweit diese eine Vorrangregelung wie Art. 5 Abs. 1 S. 2 EGBGB enthält, soll diese vorgehen (vgl. BT-Drucks. 17/11049, S. 8; a.A. ≋ *Gade,* JuS 2013, 779, 781)

2. Str., die h.M. verneint dies mit Hinweis auf den Gleichlauf zur Brüssel IIa-VO; vgl. dazu ≋ *Gade,* JuS 2013, 779

38

Fall 4: Keine indischen Verhältnisse?

▶ **Themen:** BVerwG, NJW 2012, 3461; ordre public, Vorfrage, Rückverweisung, domicile ★★

Der 20-jährige Jamal (J) ist indischer Staatsangehöriger. Sein 50-jähriger Vater Vimal (V) reist 1994 nach Deutschland ein. Zu diesem Zeitpunkt war er mit der Inderin Indira verheiratet. Den Kontakt zu seiner indischen Familie bricht er vollends in der Absicht ab, künftig nur noch in Deutschland leben zu wollen. Nachdem sein Asylantrag abgelehnt wird, heiratet V 1997 in Dänemark die deutsche Staatsangehörige Frieda (F). Seitdem besitzt er eine Niederlassungserlaubnis. Die Ehe wird 2007 geschieden.

J tut es seinem Vater gleich: er reist 2007 in Deutschland ein. Nachdem auch sein Asylantrag abgelehnt wird, geht er 2008 mit ebendieser F in Indien die Zivilehe nach indischem Recht ein.

Daraufhin beantragt J bei der Deutschen Botschaft in Neu Delhi die Erteilung eines Visums zur Familienzusammenführung. Dies wird ihm verweigert. Zwischen ihm und F sei keine wirksame Ehe zu Stande gekommen. Denn in Indien besteht ein Verbot der Ehe zwischen Stiefsohn und Stiefmutter.

Zu Recht?

§ 6 AufenthG – Visum
„(...)
(3) Für längerfristige Aufenthalte ist ein Visum für das Bundesgebiet (nationales Visum) erforderlich, das vor der Einreise erteilt wird. Die Erteilung richtet sich nach den für die Aufenthaltserlaubnis, die Blaue Karte EU, die Niederlassungserlaubnis und die Erlaubnis zum Daueraufenthalt-EG geltenden Vorschriften. (...)"

§ 28 AufenthG – Familiennachzug zu Deutschen:
„(1) Die Aufenthaltserlaubnis ist dem ausländischen
1. Ehegatten eines Deutschen,
(...)
zu erteilen, wenn der Deutsche seinen gewöhnlichen Aufenthalt im Bundesgebiet hat. (...)"

Sec. 4 Satz 1 Buchst. d), Sec. 24 Abs. 1 des Special Marriage Act vom 9. Oktober 1954 (SpMA) i.V.m. Anlage I Nr. 2 und Anlage II Satz 2 SpMA: Die Schwägerschaft ersten Grades stellt ein zur Nichtigkeit führendes Ehehindernis dar. Dies gilt unabhängig davon, ob die Schwägerschaft besteht oder nicht mehr besteht.

Das indische Recht sieht keine **Rückverweisung** vor, wenn das *domicile* in Indien liegt. Liegt das *domicile* in Deutschland führt dies zur Rückverweisung.

Nach **§ 20 EheG** (in der bis zum 1.7.1998 gültigen Fassung) ist eine Doppelehe zwar unheilbar nichtig. Gem. **§ 23 EheG** kann sich aber niemand auf die Nichtigkeit berufen, solange nicht die Ehe durch gerichtliches Urteil für nichtig erklärt worden ist.

Anspruch auf Erteilung des Visums, § 6 Abs. 3 i.V.m. § 28 Abs. 1 Nr. 1 AufenthG
I. Bestimmung des maßgeblichen IPR
    1. Art. 13 EGBGB – indisches Recht
    2. keine Rückverweisung, da *domicile of origin* in Indien
II. Ehehindernis der direkten Schwägerschaft nach indischem Recht
    1. Vorfrage: War die Ehe zwischen V und F wirksam?
    2. Art. 13 EGBGB – indisches Recht
    3. eine Rückverweisung, da *domicile of choice* in Deutschland
    4. Beurteilung der Ehe nach deutschem Recht
        - Verbot der Doppelehe
        - aber nicht durch Urteil nichtig erklärt
III. Ehehindernis der Schwägerschaft? – Art. 13 Abs. 2 EGBGB
    1. J = Deutsche
    2. zumutbare Schritte unternommen
    3. (P) Schränkt das Ehehindernis der direkten Schwägerschaft die Eheschließungsfreiheit gem. Art. 6 Abs. 1 GG unverhältnismäßig weit ein?
        eA (+)   mit Verweis auf Rechtsprechung EGMR
        hM (-)   - mit § 4 I 1 EheG a.F. bestand bis 1998 in Deutschland eine ebensolche Regelung;
               - Sinn und Zweck
IV. Ehehindernis der Schwägerschaft – Art. 6 EGBGB
V. Ergebnis
VI. Aufenthaltsrechtliche Folgefrage

40

J hat gem. § 6 Abs. 3 i.V.m. § 28 Abs. 1 Nr. 1 AufenthG einen Anspruch auf Erteilung des beantragten Visums, wenn er der Ehegatte von F ist, F deutsche Staatsangehörige ist und ihren gewöhnlichen Aufenthalt im Bundesgebiet hat.

I. Fraglich ist, nach welchem **Recht sich die Wirksamkeit der Eheschließung** zwischen J und F beurteilt.

1. Gem. **Art. 13 EGBGB** unterliegen die Voraussetzungen der Eheschließung für jeden Verlobten dem Recht des Staates, dem er im Zeitpunkt der Eheschließung angehört. Damit ist in Bezug auf F deutsches Recht, in Bezug auf J indisches Recht anzuwenden.

2. Das indische IPR ist nicht kodifiziert, sondern folgt dem Domizilprinzip des *common law.* Es spricht eine **Rückverweisung** auf das deutsche Recht aus, wenn J sein *domicile* in Deutschland hat.

Der aus dem *common law* stammende **Begriff des *domicile*** kann dabei nicht mit dem Begriff des gewöhnlichen Aufenthalts gleich gesetzt werden. Vielmehr ist eine Vielzahl von tatsächlichen Feststellungen nötig. Das *domicile* kann sich aus dem *„domicile of origin"* und dem *„domicile of choice"* bestimmen.

Das *„domicile of origin"* des J liegt seiner Abstammung entsprechend in Indien. Allein durch die Eheschließung und den Antrag auf Erteilung eines Visums kann nicht angenommen werden, dass er dieses zugunsten eines *„domicile of choice"* aufgegeben haben könnte. Das indische Recht verweist daher nicht auf deutsches Recht zurück.

II. Das indische Recht statuiert in Sec. 4 Satz 1 Buchst. d), Sec. 24 Abs. 1 des Special Marriage Act vom 9. Oktober 1954 (SpMA) i.V.m. Anlage I Nr. 2 und Anlage II Satz 2 SpMA ein **Ehehindernis zwischen ehemaliger Schwiegermutter und ehemaligem Schwiegersohn.**

1. Vorfrage: War die Ehe des V mit F wirksam?
Dann müsste F die Schwiegermutter von J gewesen sein. Dies setzt voraus, dass zwischen ihr und V, dem Vater des J, eine wirksame Ehe geschlossen wurde.

Dem könnte entgegenstehen, dass V zur gleichen Zeit bereits verheiratet war.

Hierbei handelt es sich um eine selbstständig nach Art. 13 Abs. 1 EGBGB anzuknüpfende Vorfrage

§ Vorfrage

Begriff (teilweise auch Erstfrage genannt):
Vorfragen stellen sich, wenn eine Kollisionsnorm in ihrem Tatbestand auf ein bestimmtes Recht Bezug nimmt, das erneut kollisionsrechtliche Fragen aufwirft.

Nach h.M. wird die Vorfrage **selbstständig** nach der *lex fori* **angeknüpft**. Hierfür spricht, dass Vorfragen vom Kollisionsrecht des Forums schon aufgeworfen werden, bevor eine *lex causae* (Sachrecht) für die Hauptfrage ermittelbar ist. Das deutsche Verweisungssystem setzt voraus, dass inländische Vorstellungen darüber befinden, ob die Voraussetzungen für ein Eingreifen der Kollisionsnormen tatsächlich vorliegen.

Malkus/Pierenkemper/Schulz, Einführung in das IPR, A.V.

2. In Bezug auf den Inder V beurteilt sich die Wirksamkeit der Ehe gem. Art. 13 EGBGB grundsätzlich nach indischem Recht.

3. Das indische IPR bzw. das Domizilprinzip des *common law* sieht eine **Rückverweisung** auf das deutsche Recht vor, wenn V sein *domicile* in Deutschland gehabt hat. Das *„domicile of origin"* des V liegt seiner Abstammung entsprechend in Indien. Es kann jedoch durch das *„domicile of choice"* überlagert werden. Dies setzt den bewussten Willen voraus, den neuen Aufenthaltsort dauerhaft beizubehalten und im neuen Rechtsgebiet den Rest des Lebens verbringen zu wollen. Da V vorliegend jeden Kontakt mit seiner Familie in Indien abbrach und fortan gemeinsam mit seiner deutschen Frau F in Deutschland leben wollte, ist von einem *„domicile of choice"* auszugehen, der den *„domicile of origin"* vorliegend verdrängt.

Das indische Recht verweist insoweit auf das deutsche Recht zurück.

4. Nach deutschem Recht verstößt die Ehe zwischen V und F gegen das **Verbot der Doppelehe** gem. § 1306 BGB. Ein solcher Verstoß führt nach dem im Zeitpunkt des Eheschlusses gelten § 20 Abs. 1 EheG zur Nichtigkeit. Jedoch kann man sich gem. § 23 EheG a.f. auf die Nichtigkeit erst berufen, wenn die Ehe durch **gerichtliches Urteil für nichtig** erklärt worden ist. (Die Regelungen entsprechen der heutigen Aufhebbarkeit der Ehe gem. §§ 1313, 1314 Abs. 1 i.V.m. § 1306 BGB). Daher muss die Ehe für die Zeit bis zur Scheidung als wirksam behandelt werden.

Mithin war F die Schwiegermutter des J. Ein Ehehindernis nach indischem Recht liegt damit vor.

III. Das **Ehehindernis der Schwägerschaft** in direkter Linie könnte gegen **Art. 13 Abs. 2 EGBGB** verstoßen.

Art. 13 Abs. 2 EGBGB stellt eine spezielle Ausprägung des *ordre public* gem. Art. 6 EGBGB dar.

➔ ausführlicher zum *ordre public* vgl. *Malkus/Pierenkemper/Schulz,* Einführung in das IPR

Demnach wäre deutsches Recht anzuwenden, wenn ein Verlobter seinen gewöhnlichen Aufenthalt im Inland hat oder Deutscher ist, die Verlobten die zumutbaren Schritte zur Erfüllung der fehlenden Voraussetzung nach ausländischem Recht unternommen haben und es mit der Eheschließungsfreiheit des Art. 6 GG unvereinbar ist, die Eheschließung zu versagen.

1. F ist Deutsche.

2. Inwieweit V und F alle zumutbaren Schritte unternommen haben, ist unklar. Aus dem Sachverhalt ergeben sich insoweit keine Hinweise. Dies mag aber auch dahinstehen, wenn die nächste Voraussetzung ohnehin nicht erfüllt ist.

3. Fraglich ist, ob das **Ehehindernis der direkten Schwägerschaft nach indischem Recht die Eheschließungsfreiheit unverhältnismäßig einschränkt.**

a) Dafür spricht, dass durch das Eheverbot die durch Art. 6 Abs. 1 GG geschützte Eheschließungsfreiheit in unverhältnis-

mäßiger Weise eingeschränkt wird. Der EGMR entschied in einem Urteil vom 13.9.2005, dass das gesetzliche Verbot der Ehe zwischen einem Mann und seiner Schwiegertochter bzw. einer Frau und deren Schwiegersohn gegen das Recht auf Eheschließung aus Art. 12 EMRK verstößt. Dies müsse auch im Rahmen von Art. 6 Abs. 1 GG berücksichtigt werden. (*Looschelders*, JA 2013, 470, 472)

b) „Dagegen spricht, dass das Ehehindernis der Schwägerschaft in direkter Linie bis zum Inkrafttreten des Eheschließungsgesetzes vom 4.5.1998 auch gem. § 4 I 1 EheG a.f. im deutschen Recht galt. Die Abschaffung der Norm beruhte nicht auf zwingenden verfassungsrechtlichen Gründen. Er wurde vielmehr abgeschafft, da ihm aufgrund der großzügigen Befreiungspraxis des § 4 III EheG keine praktische Bedeutung zukam. Abgeschafft wurde damit ein **"überzogenes" Ehehindernis, das aber noch nicht unverhältnismäßig ist.**" (BVerwG, NJW 2012, 3461)

Neben dem generellen Respekt gegenüber fremden Rechtsordnungen spricht der Normzweck für die Zulässigkeit einer solchen Einschränkung der Eheschließungsfreiheit. **Sinn und Zweck** des Ehehindernisses ist es, **Streitigkeiten innerhalb der Kernfamilien zu verhindern,** die durch Eheschließungen Verschwägerter entstehen können.

Der durch den EGMR entschiedene Fall ist mit dem vorliegenden Fall nicht vergleichbar, da er ein langjähriges Zusammenleben in ständiger Partnerschaft betraf.

4. Ein Verstoß gegen Art. 13 Abs. 2 EGBGB liegt daher nicht vor.

IV. Aus ebendiesen Gründen liegt auch kein Verstoß gegen den *ordre public* des Art. 6 EGBGB vor, sollte man diesem neben der spezielleren Norm des Art. 13 Abs. 2 EGBGB überhaupt einen Anwendungsbereich zusprechen.

V. **Ergebnis:** Das Ehehindernis der direkten Schwägerschaft gilt. Zwischen J und F konnte daher keine wirksame Ehe geschlossen werden.

Da schon keine wirksame Ehe besteht, kann J das Visum verweigert werden.

VI. Aufenthaltsrechtliche Folgefrage: Ob ihm das Visum auch verweigert werden kann, weil die Ehe ausschließlich zu einem Zweck geschlossen wurde, J die Einreise in das und den Aufenthalt im Bundesgebiet zu ermöglichen (§ 27 Abs. 1a Nr. 1 AufenthaltsG) ist eine andere Frage, die hier keiner Beantwortung mehr Bedarf.

📖 *Looschelders*, JA 2013, 470.

? *Wiederholungs- und Vertiefungsfragen*

Das Ehepaar Kurmanbayeva (K) stammt aus Kasachstan und lebt seit mehreren Jahren in Deutschland. Die Ehepartner wollen sich so schnell wie möglich einvernehmlich scheiden lassen. Sie leben bisher aber erst einen Monat getrennt voneinander. Das Recht von Kasachstan kennt kein Trennungsjahr.

1. Was ist Ihnen zu raten?

2. Wie ist zu verfahren?

✔ *Lösungen der Wiederholungs- und Vertiefungsfragen*

1. Das anzuwendende Scheidungsrecht würde sich ohne Rechtswahl nach **Art. 8 lit. a Rom III-VO** richten und an den gewöhnlichen Aufenthalt der Ehegatten anknüpfen. Da das Ehepaar in Deutschland lebt, würde deutsches Recht zur Anwendung gelangen.

a) Nach deutschem Recht kann die Ehe gem. § 1565 Abs. 1 BGB geschieden werden, wenn sie gescheitert ist. Dies setzt grundsätzlich ein Trennungsjahr voraus, § 1565 Abs. 2 BGB. Das Ehepaar müsste insoweit noch elf Monate warten, bis es sich scheiden lassen kann.

b) Nach dem Recht von Kasachstan ist die Scheidung jedoch nicht an ein Trennungsjahr geknüpft.

Dem Ehepaar ist daher zu raten, dass sie gem. Art. 5 Rom III-VO **kasachisches Scheidungsrecht wählen.**

2. Das Wahlrecht kann vor oder während der mündlichen Verhandlung ausgeübt werden:

a) Ein Wahlrecht besteht gem. Art. 5 Abs. 2 Rom III-VO vorprozessual jederzeit. Es erfordert allerdings gem. **Art. 46d Abs. 1 EGBGB eine notarielle Beurkundung.**

b) Es ist aber gem. Art. 46d Abs. 2 EGBGB auch möglich, dass das Ehepaar im Prozess kasachisches Recht wählt. Statt einer notariellen Beurkundung, genügt dann ein **gerichtlicher Vergleich gem. § 127a BGB**. (nach OLG Nürnberg, FamRZ 2013, 1321)

Fall 5: Es bleibt in der Familie

▸ **Themen:** EuErbVO; gewöhnlicher Aufenthalt; Sachnorm- und Gesamtverweisung ★★

Angelika (A) und Petra (P) sind Schwestern. A besitzt die deutsche, P die schweizerische Staatsangehörigkeit. Sie sind die einzigen Kinder der Konsul-Gattin Louisa (L).

L war schweizerische Staatsangehörige und starb 2017 in Brüssel. Sie hatte aufgrund einer dreijährigen Beratertätigkeit bei der Europäischen Kommission ihren Wohnsitz in Brüssel. Dort verbrachte sie auch fast die gesamten Jahre. Ihre vorwiegenden freundschaftlichen und verwandtschaftlichen Beziehungen bestanden weiterhin in die Schweiz. Dort leben ihr Lebensgefährte und ihre Enkelkinder, die sie regelmäßig besuchte. Zudem unterhielt sie dort eine Wohnung, die sie während ihres Aufenthalts in Brüssel untervermietet hatte. Des Weiteren bezog sie den überwiegenden Teil ihrer Einkünfte aus Kapitalanlagen in der Schweiz. Der französischen und niederländischen Sprache war sie nicht mächtig.

L hinterließ bei ihrem Tode Grundstücke und bewegliches Vermögen in Belgien, Deutschland und der Schweiz. In einem eigenhändig geschriebenen und unterschriebenen Testament setzte sie ihre Töchter A und P als Erben ein.

A begehrt von P Auskunftserteilung über den Bestand des Nachlasses und über Rechtsgeschäfte, welche P nach der Behauptung der A mit der Mutter L vorgenommen habe.

Steht der A ein Anspruch auf Auskunftserteilung nach deutschem Recht zu?

Art. 14 I schweiz. IPRG
„Sieht das anwendbare Recht eine Rückverweisung auf das schweizerische Recht oder eine Weiterverweisung auf ein anderes ausländisches Recht vor, so ist sie zu beachten, wenn dieses Gesetz sie vorsieht."

Art. 90 I schweiz. IPRG

„Der Nachlass einer Person mit letztem Wohnsitz in der Schweiz untersteht schweizerischem Recht."

Art. 91 I schweiz. IPRG

„Der Nachlass einer Person mit letztem Wohnsitz im Ausland untersteht dem Recht, auf welches das Kollisionsrecht des Wohnsitzstaates verweist."

Anspruch der A gegen P auf Auskunftserteilung gem. § 2057 BGB
I. IPR-Sachverhalt
II. Internationale Abkommen: EuErbVO
  1. Anwendungsbereich der EuErbVO
  2. Anknüpfung nach EuErbVO:
    a) Gesamtverweis auf Recht des gewöhnlichen Aufenthalts: hier Belgien, Art. 21 Abs. 1 EuErbVO
    b) Ausnahme: engere Verbindung zur Schweiz, Art. 21 Abs. 2 EuErbVO
III. Verweisung auf das Recht der Schweiz
  1. Grundsatz: Gesamtverweisung, Art. 34 Abs. 1 EuErbVO
  2. Ausnahme, Art. 34 Abs. 2 EuErbVO
IV. Ergebnis

A könnte gegen P einen Anspruch auf Auskunftserteilung gem. § 2057 BGB haben.

Dann müsste deutsches Recht anwendbar sein.

I. A ist deutsche, P schweizerische Staatsangehörige. Die verstorbene Mutter war schweizerische Staatsangehörige und lebte bis zu ihrem Tode in Brüssel. Die Erbschaft liegt in mehreren europäischen Staaten. Ein **IPR-Sachverhalt** mit hinreichendem Auslandsbezug nach Art. 3 a.E. EGBGB liegt mithin vor.

II. Vorrangige **internationale Abkommen**

Seit dem **17.8.2015** gilt die am 16.08.2012 in Kraft getretene **EuErbVO** (Verordnung EU 650/2012). Diese ist nach Art. 288 Abs. 2 AEUV gegenüber dem deutschen Recht vorrangig anzuwenden.

1. Der **Anwendungsbereich der EuErbVO** müsste sowohl in sachlicher als auch in zeitlicher Hinsicht eröffnet sein.

a) Die EuErbVO findet gem. **Art. 1 Abs. 1 EuErbVO** auf die „Rechtsnachfolge von Todes wegen" Anwendung und erfasst damit nach der Legaldefinition des Art. 3 Abs. 1 a) EuErbVO alle Rechtsfragen der gewillkürten oder gesetzlichen Erbfolge. Die in Art. 1 Abs. 2 EuErbVO aufgeführten Ausnahmen sind vorliegend nicht einschlägig.

b) In zeitlicher Hinsicht findet die EuErbVO gem. **Art. 83 Abs. 1 EuErbVO** auf die Rechtsnachfolge von Personen Anwendung, die am oder nach dem **17.8.2015** verstorben sind. Die L ist im Jahr 2017 verstorben, so dass der Anwendungsbereich der EuErbVO eröffnet ist.

2. a) Die EuErbVO knüpft grundsätzlich an das Recht des Staates an, in dem der Erblasser im Zeitpunkt seines Todes seinen **gewöhnlichen Aufenthalt hatte, Art. 21 Abs. 1 EuErbVO**.

Eine Definition des Begriffs des gewöhnlichen Aufenthaltes bietet die EuErbVO nicht. Sie ist jedoch im Kontext der EU-Rechtsakte auszulegen.

Gewöhnlicher Aufenthalt meint bei natürlichen Personen, die in Ausübung ihrer beruflichen Tätigkeit handeln, gem. Art. 23 Abs. 2 Rom II-VO den Ort ihrer Hauptniederlassung. Die Niederlassung der L liegt in Belgien.

Eine natürliche Person hat ihren gewöhnlichen Aufenthalt in dem Staat, in dem der Schwerpunkt ihrer Lebensverhältnisse, ihr Daseinsmittelpunkt, liegt. Ein schlichter Aufenthalt wird zu einem gewöhnlichen Aufenthalt durch die tatsächliche Dauer oder durch die voraussichtliche Dauer. In der Regel wird ein gewöhnlicher Aufenthalt nach sechsmonatiger Anwesenheit vermutet, was aber auch widerlegt werden kann.

Obwohl L enge Beziehungen in die Schweiz unterhält, wird aufgrund ihrer Aufenthaltsdauer, ihrer einzigen genutzten Wohnung und ihrer Arbeitstätigkeit in Belgien ihr gewöhnlicher Aufenthaltsort in Belgien vermutet. Mithin wäre belgisches Recht anwendbar.

b) Allerdings könnte hier die **Ausnahme des Art. 21 Abs. 2 EuErbVO** greifen, die Anknüpfung an das Recht eines Staates, zu dem eine **offensichtlich engere Verbindung** besteht.

Vorliegend hatte die L vorher ihren gewöhnlichen Aufenthalt in der Schweiz, in der Schweiz besteht ihr überwiegender Teil von persönlichen und finanziellen Bindungen. Der Umstand, dass ihre Beratertätigkeit in Belgien nur befristet war und sie ihre Wohnung in der Schweiz nur untervermietet hat, legt den Schluss nahe, dass sie nach Abschluss ihrer Tätigkeit in die Schweiz zurückkehren wollte. Dementsprechend liegen hier engere Bindungen in die Schweiz als zu Belgien vor. Folglich ist hier eine Anknüpfung nach schweizerischem Recht vorzunehmen.

(**Beachte:** Die Ausnahme des Art. 21 Abs. 2 EuErbVO ist entsprechend der Gesetzesbegründung äußerst restriktiv und nur in Ausnahmefällen zu nutzen, siehe Erw. 25 S. 2 EuErbVO)

Damit verweist die EuErbVO auf schweizerisches Recht.

III. Anwendung des Rechts der Schweiz

1. Die Verweisung ist grundsätzlich **Gesamtverweisung gem. Art. 34 Abs. 1 EuErbVO.** Das schweizerische Recht ist hierbei so anzuwenden, wie es der schweizerische Richter zur Anwendung gebracht haben würde. Dies umschließt sowohl Sachnormen als auch Kollisionsnormen.

---

§ Sachnorm- und Gesamtverweisung

Begriff:

- Sachnormverweisung bezeichnet die Verweisung allein auf die Sachvorschriften einer fremden Rechtsordnung.

- Gesamtverweisung bedeutet, dass auch das Kollisionsrecht des ausländischen Staates zur Anwendung kommt.

I. Nach dem bisherigen deutschen Internationalen Privatrecht gilt mit Art. 4 Abs. 1 S. 1 EGBGB das **Prinzip der Gesamtverweisung.** Auch Art. 34 Abs. 1 EuErbVO geht von diesem Grundsatz aus.

Die EuErbVO bildet damit im System des europäischen Kollisionsrechts allerdings eine Ausnahme, denn Art. 20 Rom I-VO, Art. 24 Rom II-VO und Art. 11 Rom III-VO statuieren den **Grundsatz der Sachnormverweisung**.

II. Das IPR des ausländischen Staates hat folgende Möglichkeiten auf eine Gesamtverweisung zu reagieren:

1. Es kann die Verweisung annehmen, wenn die IPR-Vorschriften des ausländischen Staates auf die eigene Rechtsordnung verweisen.

2. Es kann die Sache an den verweisenden Staat zurückverweisen (*renvoi au premier degré*)

- um ein "IPR-Pingpong" durch Hin- und Zurückverweisung zu vermeiden, sind bei einem Rückverweis auf das deutsche Recht gem. Art. 4 Abs. 1 S. 2 EGBGB die deutschen Sachvorschriften anzuwenden. Die Verweisungskette wird so abgebrochen.

- Der *renvoi* wird allerdings nicht von allen Rechtsordnungen anerkannt. So lehnen Griechenland, Dänemark, Schweden und die meisten Staaten der USA das Institut des *renvoi* ab.

- Für die Anerkennung des *renvoi* spricht insbesondere der internationale Entscheidungseinklang.

3. Es kann die Sache an einen dritten Staat weiterverweisen (*renvoi au second degré*).

II. Bei **Sachnormverweisungen** ist eine Rück- oder Weiterverweisung (*renvoi*) ausgeschlossen, Art. 4 Abs. 2 EGBGB.

☙ *Malkus/Pierenkemper/Schulz*, Einführung in das IPR, A.V.

2. Bei Anwendung des schweizerischen Kollisionsrechts würde Folgendes gelten: Das schweizerische Kollisionsrecht unterscheidet zur Bestimmung des anwendbaren Rechts bei Nachlassstreitigkeiten danach, ob die Person ihren letzten Wohnsitz in der Schweiz hatte. Die L hatte ihren letzten Wohnsitz in Belgien, so dass gem. **Art. 91 Abs. 1 schweiz. IPRG** der Nachlass dem Recht untersteht, auf welches das Kollisionsrecht des Wohnsitzstaates verweist. Insoweit besteht abermals eine

Gesamtverweisung, vgl. **Art. 14 schweiz. IPRG**, in diesem Fall auf das belgische Recht.

3. Aber: Gem. **Art. 34 Abs. 2 EuErbVO** sind Rück- und Weiterverweisungen durch die in Art. 21 Abs. 2 EuErbVO genannten Rechtsordnungen nicht zu beachten. Vielmehr handelt es sich bei einem Verweis nach **Art. 21 Abs. 2 EuErbVO um einen Sachnormverweis.** Es bleibt damit beim Recht der Schweiz.

IV. Ergebnis: Ein Auskunftsanspruch der A gegen P nach deutschem Recht besteht nicht.

? *Wiederholungs- und Vertiefungsfragen*

1. Sie sind Anwalt der L, der daran gelegen ist, dass Ungewissheiten über das anwendbare Recht möglichst vermieden werden. Was raten sie ihr?

2. Welche Form gilt es dabei zu beachten?

✔ *Lösungen der Wiederholungs- und Vertiefungsfragen*

1. Sie sollten der L raten, eine Rechtswahl gem. Art. 22 Abs. 1 EuErbVO zugunsten des Rechts der Staatsangehörigkeit zu treffen.

2. Gem. Art. 22 Abs. 2 EuErbVO muss die Rechtswahl ausdrücklich in einer Erklärung in Form einer Verfügung von Todes wegen erfolgen, etwa in Form eines handschriftlichen oder notariellen Testaments, oder sich zumindest aus den sonstigen Bestimmungen einer solchen Verfügung von Todes wegen ergeben.

Für die Formwirksamkeit von Testamenten gilt das Haager Testamentsformübereinkommen als vorrangiges internationales Übereinkommen gem. Art. 75 EuErbVO; für Erbverträgen gilt Art. 27 EuErbVO.

✂ EuErbVO – Prüfungsschema

Am 16.8.2012 ist die Verordnung Nr. 650/2012 („EuErbVO") in Kraft getreten. Sie gilt in allen EU-Staaten mit Ausnahme von Großbritannien, Irland und Dänemark und regelt die Zuständigkeit, das anzuwendende Recht, die Anerkennung und Vollstreckung von Entscheidungen und die Annahme und Vollstreckung öffentlicher Urkunden in Erbsachen. Zudem führt sie ein Europäisches Nachlasszeugnis ein. Die EuErbVO ist ab dem 17.8.2015 anwendbar. Sie sollte daher schon heute bei der Testamentsgestaltung Berücksichtigung finden.

A. Bestimmung des anwendbaren Rechts

Art. 3 Nr. 1 EGBGB als Einstiegsnorm: Gem. Art. 3 Abs. 1 lit. a) und b) EGBGB ist auch die EuErbVO als Verordnung unmittelbar anwendbar und vorrangig gegenüber dem nationalen Kollisionsrecht des EGBGB, soweit ihr Anwendungsbereich eröffnet ist.

I. Anwendungsbereich

1. Sachlich, Art. 1 EuErbVO:

> a) **Rechtsnachfolge von Todes wegen, Art. 1 Abs. 1 EuErbVO**
>
>> Definition in Art. 3 Abs. 1 lit. a) EuErbVO (umfasst gewillkürte und gesetzliche Erbfolge)
>
> b) Die EuErbVO gilt nicht für die in **Art. 1 Abs. 2 EuErbVO** genannten Ausnahmen

2. räumlich:

> Die EuErbVO gilt in allen EU-Staaten mit Ausnahme von Dänemark, dem Vereinigten Königreich und Irland

3. zeitlich, Art. 83 Abs. 1 EuErbVO:

> Die EuErbVO gilt für Erbfälle nach dem 17.8.2015

II. Ermittlung des Erbstatuts

1. Art. 22 EuErbVO – Rechtswahl / subjektive Anknüpfung
- **wählbare Rechtsordnung, Art. 22 Abs. 1 EuErbVO:**
  > Staatsangehörigkeit im Zeitpunkt der Rechtswahl oder im Zeitpunkt des Todes
- Form: ausdrücklich durch Verfügung von Todes wegen,

Art. 22 Abs. 2 EuErbVO	

wenn Rechts-wahl (-)	**2. Art. 21 EuErbVO – objektive Anknüpfung**
	= gewöhnlicher Aufenthalt des Erblassers im Zeitpunkt seines Todes, Art. 21 Abs. 1 EuErbVO
	- Ausnahme: offensichtlich engere Verbindung zu einem anderen Staat, Art. 21 Abs. 2 EuErbVO (→ siehe Fall 5 *„Es bleibt in der Familie"*)

B. Rechtsfolge: Anwendung des maßgeblichen Rechts

C. (falls erforderlich) **Ergebniskorrektur über ordre public, Art. 35 EuErbVO**

? *Wiederholungs- und Vertiefungsfragen zur EuErbVO*

1. In welchen Ländern gilt die EuErbVO?

2. Welche Regelungsgegenstände sind von ihrem sachlichen Anwendungsbereich ausgenommen?

3. Erstreckt sich der Anwendungsbereich der EuErbVO auch auf § 1371 Abs. BGB?

4. Welche Erbfälle werden in zeitlicher Hinsicht von der EuErbVO erfasst?

5. Gibt es eine Möglichkeit, die Anknüpfung des Art. 21 EuErbVO zu umgehen?

6. Worin besteht die wesentliche Änderung zwischen der EuErbVO und der bisherigen deutschen Regelung des Art. 25 Abs. 1 EGBGB a.F.?

✔ *Lösungen der Zusatzfragen zur EuErbVO*

1. Die EuErbVO gilt in allen EU-Staaten mit Ausnahme von Dänemark, dem Vereinigten Königreich und Irland (im Unterschied zu den Rom I- und II-Verordnungen!).

2. Ehegüterrecht, Schenkungen und Abläufe innerhalb eines Trusts (nicht jedoch dessen Errichtung).

3. Die EuErbVO gilt für die „Rechtsnachfolge von Todes wegen". Bei § 1371 Abs. 1 BGB handelt es sich um eine Bestimmung, die güterrechtliche Fragen nach dem Tod eines Ehegatten durch Erhöhung des gesetzlichen Erbteils des anderen Ehegatten regelt.

Es ist umstritten, ob diese Regelung als erbrechtliche oder als güterrechtliche Norm i.S.d. Art. 1 EuErbVO zu qualifizieren ist.
- Nach deutschem Recht wird sie vom BGH als güterrechtlich qualifiziert (vgl. BGH, Beschluss vom 13.05.2015, IV ZB 30/14). Auch nach europäischem Recht wird sie in der Literatur überwiegend güterrechtlich qualifiziert, so dass die Anwendbarkeit der EuErbVO verneint wird.
- Dagegen spricht Erwägungsgrund 12, Satz 2 sowie die Folge, dass im deutschen und im Europäischen Nachlasszeugnis unterschiedlich große Erbanteile ausgewiesen werden müssten.
- Das Kammergericht Berlin hat die Frage daher im Oktober 2016 dem EuGH vorgelegt (KG, EuGH-Vorlage v. 25.10.2016, 6 W 80/16), dessen Entscheidung mit Spannung erwartet wird.

4. Siehe Art. 83 Abs. 1 EuErbVO: für Erbfälle, somit Todesfälle, nach dem 17.8.2015.

5. Ja! Nach Art. 22 EuErbVO besteht die Möglichkeit der Rechtswahl.

6. Das bisherigen internationale Erbrecht knüpfte grundsätzlich gem. Art. 25 Abs. 1 EGBGB a.F. an die Staatsangehörigkeit des Erblassers im Zeitpunkt des Todes an. Art. 21 Abs. 1 EuErbVO knüpft hingegen an das Recht des gewöhnlichen Aufenthalts des Erblassers im Zeitpunkt seines Todes an.

Fall 6: Junges Gemüse

▸**Themen:** In Anlehnung an LG München I NJW 1972, 1624; AG Moers Beschluss vom 20.08.1997 - Az. 2 X 97/97 (DAVorm 1997, 925); Rechtsfähigkeit und Geschäftsfähigkeit, *„semel maior, semper maior"* ★

Ömer (Ö), geb. am 1.1.2000, ist türkischer Staatsangehöriger und wohnt bei seinen Eltern in Moers. Seine Mutter betreibt dort ein florierendes Obst- und Gemüsegeschäft. Als die Mutter erkrankt, will Ö die Führung des Geschäfts mit Zustimmung seiner Eltern übernehmen. Er wendet sich an seine Cousine Danya (D), die im zweiten Semester Jura studiert, und fragt sie, ob dies überhaupt rechtlich möglich ist. D meint, diese Frage sei nach § 112 BGB zu beantworten, wonach die Genehmigung des Vormundschafts-gerichts erforderlich sei.

Ist die Rechtsauffassung von D zutreffend?

Bearbeitervermerk: Gemäß Art. 11 türk. BGB ist mündig, wer das 18. Lebensjahr vollendet hat. Wer das 15. Lebensjahr vollendet hat, kann mit seinem Einverständnis und unter Zustimmung der Eltern vom Gericht erster Instanz für mündig erklärt werden, Art. 12 Abs. 1 türk. BGB. Nach Art. 8 Abs. 1 des Gesetzes Nr. 2675 über das internationale Privat- und Zivilverfahrensrecht werden Verweisungen auf das türkische Recht angenommen. *Bearbeitungszeitpunkt* des Falles ist der 2.1.2016.

Abwandlung:
Ö wird Anfang 2016 in der Türkei vor dem dort zuständigen Gericht für vorzeitig mündig erklärt. Kurz darauf zieht er mit seinen Eltern nach Deutschland und erwirbt die deutsche Staatsangehörigkeit. Ändert sich etwas an der Mündigkeit des Ö?

Genehmigungsbedürftigkeit nach § 112 BGB?
I. Sachverhalt mit Auslandsberührung nach Art. 3 a.E. EGBGB
II. Anwendbarkeit materiellen Einheitsrechts?
III. Anwendbarkeit internationaler kollisionsrechtlicher Abkommen?
IV. Bestimmung des maßgeblichen IPR
V. Bestimmung der maßgeblichen Kollisionsnorm
VI. Anwendung der maßgeblichen Kollisionsnorm

56

VII. Anwendung des berufenen Sachrechts
VIII. Ergebnis

Abwandlung
Genehmigungsbedürftigkeit nach § 112 BGB?

Die Rechtsauffassung der D ist zutreffend, wenn eine Genehmigungsbedürftigkeit nach § 112 BGB besteht.

Dafür müsste auf den Sachverhalt deutsches Recht Anwendung finden.

I. Zur Anwendung des EGBGB müsste zunächst ein Fall mit **Auslandsberührung nach Art. 3 a.E. EGBGB** vorliegen.

Der Sachverhalt weist hier durch die Staatsangehörigkeit des Ö Auslandsbezug auf.

Das auf den Sachverhalt anwendbare Recht ist daher gem. Art. 3 a.E. EGBGB nach den Vorschriften des Kollisionsrechts zu bestimmen.

II. Vereinheitlichtes Sachrecht ist nicht anwendbar.

III. Es könnten hier **vorrangig anwendbare Staatsverträge** nach **Art. 3 EGBGB** bestehen. In Betracht kommen insbesondere die Art. 1 ff. des Übereinkommens über die Zuständigkeit der Behörden und das anzuwendende Recht auf dem Gebiete des Schutzes von Minderjährigen (MSA, vom 05.10.1961, BGBl. 1971 II S. 219).

Hiernach können deutsche Gerichte Schutzmaßnahmen für Minderjährige mit gewöhnlichem Aufenthalt in Deutschland nach deutschem Recht anordnen.

In Betracht käme hier insbesondere die Ermächtigung des Sohnes nach § 112 BGB, mit Genehmigung des Vormundschaftsgerichtes einen Geschäftsbetrieb zu führen.

Es erscheint allerdings fraglich, ob im vorliegenden Fall die Genehmigung auch tatsächlich als Schutzmaßnahme einzustufen ist, da sie faktisch einer Reduzierung des Minderjährigenschutzes gleichkommt.

In jedem Fall ist aber § 112 BGB aus dem Anwendungsbereich des MSA ausgeschlossen. Die Norm bezieht sich nämlich nicht auf eine Frage der elterlichen Sorge, sondern allein auf die Geschäftsfähigkeit des Minderjährigen.

Dementsprechend liegen hier keine einschlägigen vorrangig anwendbaren Staatsverträge vor.

IV. Zu prüfen ist weiterhin, welches **Kollisionsrecht** auf die Ansprüche des O **anwendbar** ist.

Das anwendbare einzelstaatliche IPR bestimmt sich, soweit bereits eine Klage anhängig ist, nach den Regeln des Staates, in dem sich das Gericht befindet, der sog. *lex fori*.

Der vorliegende Sachverhalt bezieht sich auf die Wirksamkeit der Erweiterung der Geschäftsfähigkeit nach § 112 BGB vor einem deutschen Gericht.

Zur Beurteilung dieser Frage ist daher das deutsche Kollisionsrecht heranzuziehen.

V. Bestimmung der maßgeblichen Kollisionsnorm

Fraglich ist, nach welcher Kollisionsnorm der Sachverhalt zu beurteilen ist. Ö möchte die wirksame Zustimmung seiner Eltern zu dem Betrieb eines Erwerbsgeschäfts erhalten. Die Möglichkeit Minderjähriger, Erwerbsgeschäfte zu betreiben, ist nach deutschem Recht (→ Fall 2 *„Die Morgengabe"*) eine Frage der Erweiterung der Geschäftsfähigkeit.

Daher kommt eine Anknüpfung über Art. 7 EGBGB in Betracht.

58

VI. Anwendung der maßgeblichen Kollisionsnorm

Nach Art. 7 Abs. 1 S. 1 EGBGB unterliegen Rechts- und Geschäftsfähigkeit dem Recht des Staates, dem die fragliche Person angehört.

Ö ist türkischer Staatsangehöriger. Folglich ist die Möglichkeit der Genehmigung nach türkischem Recht zu beurteilen.

Das türkische Recht nimmt diese Verweisung an und unterstellt Fragen der Rechts- und Handlungsfähigkeit ebenfalls türkischem Recht nach Art. 8 Abs. 1 des Gesetzes Nr. 2675 über das internationale Privat- und Zivilverfahrensrecht.

VII. Anwendung des berufenen Sachrechts

Das türkische BGB bestimmt in Art. 12, dass derjenige, der das 15. Lebensjahr und noch nicht das 18. Lebensjahr vollendet hat, mit seinem Einverständnis und unter Zustimmung der Eltern vom Gericht erster Instanz für mündig erklärt werden kann.

Die beschränkte Geschäftsfähigkeit des Ö kann damit insofern erweitert werden, als dass er in Bezug auf Rechtsgeschäfte, die sich auf das Erwerbsgeschäft beziehen, voll geschäftsfähig ist. Für Rechtsgeschäfte in anderen Tätigkeitsbereichen bliebe Ö weiterhin beschränkt geschäftsfähig.

Über die Erweiterung seiner Geschäftsfähigkeit müsste hier, als Gericht erster Instanz, das Vormundschaftsgericht nach pflichtgemäßem Ermessen entscheiden.

Ähnlich wie im Rahmen von § 112 BGB wird hierbei der Umstand ausschlaggebend sein, ob Ö die nötige Reife und die erforderlichen Fähigkeiten für die Führung des Geschäftsbetriebes hat.

VIII. Ergebnis

Zwar war die Rechtsauffassung der D insoweit fehlerhaft als der Sachverhalt nicht nach § 112 BGB sondern nach türkischem Recht zu beurteilen ist, doch stimmen die Voraussetzungen des § 112 BGB für die Zustimmung zum Betrieb des Erwerbsgeschäfts durch einen Minderjährigen mit denen des türkischen Rechts weitgehend überein. Die Zustimmung der Eltern zum Betrieb des Obst- und Gemüsehandels durch Ö muss daher durch das Vormundschaftsgericht genehmigt werden.

Abwandlung

Antwort: Nein! Wer einmal die Rechts- oder Geschäftsfähigkeit erlangt hat, wird nach Art. 7 Abs. 2 EGBGB durch den Erwerb der deutschen Staatsangehörigkeit nicht davon beeinträchtigt.

Der **Statutenwechsel** (der Wechsel des anwendbaren Rechts durch die Änderung der tatsächlichen Voraussetzungen eines Anknüpfungsmerkmals – hier der Wechsel der Staatsbürgerschaft i.R.v. Art. 7 Abs. 1 S. 1 EGBGB) ist hier ausnahmsweise unbeachtlich.

Es gilt der Grundsatz *„semel maior, semper maior"*, „einmal mündig, immer mündig".

? *Wiederholungs- und Vertiefungsfragen*

In welchem Rechtsgebiet spielt die Rechtsfähigkeit natürlicher Personen noch eine entscheidende Rolle? Und warum?

✔ *Lösungen der Wiederholungs- und Vertiefungsfragen*

Im Erbrecht. Vor allem die Entscheidung, ab welchem Zeitpunkt ein Mensch rechtsfähig ist, die Rechtsfähigkeit endet und wann somit der Erbfall eintritt.

Die Rom I-VO und Rom II-VO

Die Rechtsquellen des IPR haben sich 2009 stark verändert. Durch die Rom I-VO und die Rom II-VO ist für diverse Materien ein „europäisches IPR-Gesetz" entstanden.

Die Rom I-VO bezieht sich auf vertragliche Schuldverhältnisse, die Rom II-VO auf gesetzliche Schuldverhältnisse. Sie heben die Art. 27 - 37 EGBGB auf und auch den Art. 38 – 42 EGBGB kommt kaum noch eine Bedeutung zu.

Gem. Art. 3 Abs. 1 lit a) und b) EGBGB sind die Verordnungen unmittelbar anwendbar und vorrangig gegenüber dem nationalen Kollisionsrecht des EGBGB.

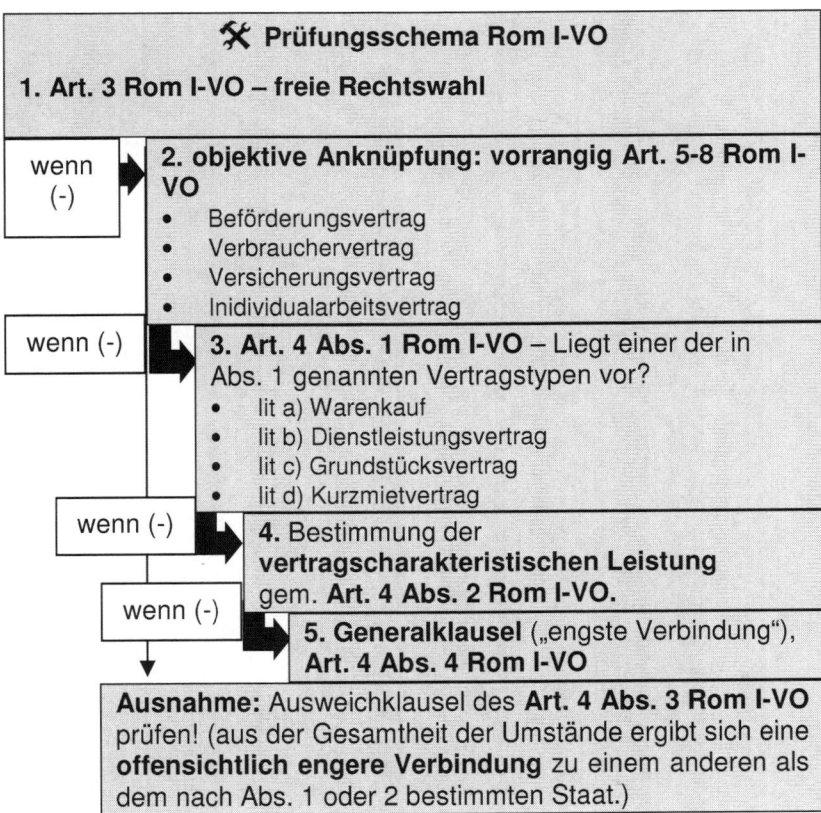

⚒ **Prüfungsschema Rom I-VO**

1. Art. 3 Rom I-VO – freie Rechtswahl

wenn (-)

2. objektive Anknüpfung: vorrangig Art. 5-8 Rom I-VO
- Beförderungsvertrag
- Verbrauchervertrag
- Versicherungsvertrag
- Inidividualarbeitsvertrag

wenn (-)

3. Art. 4 Abs. 1 Rom I-VO – Liegt einer der in Abs. 1 genannten Vertragstypen vor?
- lit a) Warenkauf
- lit b) Dienstleistungsvertrag
- lit c) Grundstücksvertrag
- lit d) Kurzmietvertrag

wenn (-)

4. Bestimmung der vertragscharakteristischen Leistung gem. **Art. 4 Abs. 2 Rom I-VO.**

wenn (-)

5. Generalklausel („engste Verbindung"), **Art. 4 Abs. 4 Rom I-VO**

Ausnahme: Ausweichklausel des **Art. 4 Abs. 3 Rom I-VO** prüfen! (aus der Gesamtheit der Umstände ergibt sich eine **offensichtlich engere Verbindung** zu einem anderen als dem nach Abs. 1 oder 2 bestimmten Staat.)

Die Fälle 7 und 8 beschäftigen sich mit der Rom I-VO, die Fälle 9 bis 11 mit der Rom II-VO.

✗ Prüfungsschema Rom II-VO

1. Vorrangige völkerrechtliche Abkommen, vgl. Art. 28 Rom II-VO.

2. Haben die Parteien eine Rechtswahl gem. Art. 14 Rom II-VO getroffen?
In einem solchen Fall geht das gewählte Recht allen anderen Anknüpfungen vor. Die zulässige Rechtswahl der Parteien kann auch nicht durch eine wesentlich engere Verbindung gemäß Art. 4 Abs. 3 Rom II-VO verdrängt werden.

Art. 14 Abs. 1 Rom II-VO – nach Eintritt des haftungsbegründenden Ereignisses möglich.
Art. 14 Abs. 2 und 3 Rom II-VO – Zusammenhang zwischen betreffenden Staaten.

wenn (-) 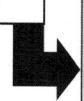 3. Mangelt es an einer Rechtswahlvereinbarung, ist in einem zweiten Schritt zu klären, ob der Sachverhalt unter eine der speziellen Kollisionsnormen der Rom II-VO subsumiert werden kann (Art. 5-9 Rom II-VO).

wenn (-)  4. Greift keine speziellere Anknüpfungsregel, so ist zu prüfen, ob die Deliktsbeteiligten einen gemeinsamen gewöhnlichen Aufenthalt oder Sitz haben. Wird dies bejaht, so kommt das gemeinsame Heimatrecht der Parteien zur Anwendung (Art. 4 Abs. 2 Rom II-VO); andernfalls ist das Recht des Erfolgsortes maßgeblich (Art. 4 Abs. 1 Rom II-VO).

5. *Ausnahme:* Schließlich bleibt zu untersuchen, ob eine wesentlich engere Verbindung mit dem Recht eines anderen Staates besteht, so dass – abweichend vom Erfolgsortsrecht – ein drittstaatliches Recht zur Anwendung berufen ist (Art. 4 Abs. 3 Rom II-VO).

📚 *Malkus/Pierenkemper/Schulz,* Einführung in das IPR, B.II. und III.; *Junker,* NJW 2007, 3675.

Fall 7: Das Bildnis der Medici

▸ **Themen:** UN-Kaufrecht (CISG), Rom I-VO: Anwendbarkeit, Rechtswahl gem. Art. 3, objektive Anknüpfung gem. Art. 4, Verbrauchervertrag gem. Art. 6. ★

Die alleinstehende deutsche Studienrätin Ursula (U) aus Kassel unternimmt eine Bildungsreise in die Toskana. Dort erwirbt sie im Laden des dort gebürtigen Vincenco (V) dekorative Wandteller mit dem Bildnis von Lorenzo de Medici zum Preis von 2.000 €. Da der Koffer der U ohnehin mit Chianti überfüllt ist, vereinbaren beide, dass V die Wandteller per Post liefert.

Zurück in Deutschland nimmt U das Paket eine Woche später entgegen. Die AGB auf dem Lieferschein sehen italienisches Recht vor. Zu ihrem Bedauern muss U feststellen, dass die Bemalung der Teller schon bei geringster Wärmeeinwirkung zu verschwimmen beginnt. Sie fühlt sich übervorteilt und verlangt daher ihr Geld zurück. V weigert sich.

Sollte sich U besser an einen deutschen oder an einen italienischen Anwalt wenden?

Art. 1341 Abs. 1 ital. Codice civile
„Die von einem Vertragsteil vorformulierten allgemeinen Vertragsbedingungen sind dem anderen Teil gegenüber wirksam, wenn dieser sie im Zeitpunkt des Vertragsschlusses kannte oder bei Anwendung der gewöhnlichen Sorgfalt hätte kennen müssen."

Abwandlung: Welche Möglichkeiten hat U, wenn die Reise im Rahmen einer von V organisierten sog. "Kaffeefahrt" mit Werbung in Deutschland erfolgt wäre?

Anwendung deutschen Kaufmängelgewährleistungsrechts?
I. IPR-Sachverhalt: Auslandsbezug
II. UN Kaufrecht – CISG
  1. sachlicher Anwendungsbereich
  2. persönlich-räumlicher Anwendungsbereich
  3. keine Ausnahme vom Anwendungsbereich
III. Rom I-VO
  1. Anwendbarkeit
  2. Rechtswahl nach Art. 3 Rom I-VO
  3. objektive Anknüpfung nach Art. 4 Rom I-VO: Italien
  4. Verbrauchervertrag nach Art. 6 Rom I-VO?
IV. Ergebnis: Italienisches Recht findet Anwendung.

Abwandlung
- Verbrauchervertrag nach Art. 6 Rom I-VO?

U sollte sich an einen deutschen Anwalt wenden, wenn deutsches (Kaufmängelgewährleistungs-)Recht Anwendung findet.

I. U hat die Wandteller in Italien vom V gekauft. Die AGB des Lieferscheins sehen italienisches Recht vor. Der Sachverhalt weist mithin einen für die **Anwendung des IPR** notwendigen Bezug zum Recht eines anderen Staates auf.

II. Hier könnten **internationale Abkommen**, denen ein Vorrang gegenüber den nationalen Kollisionsnormen nach Art. 3 Nr. 2 EGBGB zukommt, zu beachten sein.

Das **UN-Kaufrecht** (Wiener UN-Übereinkommen über Verträge über den internationalen Warenkauf von 1980 – **CISG**) könnte einschlägig sein. Der **Anwendungsbereich** bestimmt sich nach den Art. 1 ff. CISG:

1. Der **sachliche Anwendungsbereich** umfasst gem. **Art. 1 Abs. 1 CISG Kaufverträge über Waren.** Waren sind alle beweglichen, körperlichen Sachen, mithin auch die von U gekauften Wandteller.

64

2. Zum **persönlich-räumlichen Anwendungsbereich** bestimmt Art. 1 Abs. 1 lit. a CISG, dass U und V ihre Niederlassung in verschiedenen Vertragsstaaten haben müssen. Der Begriff der Niederlassung ist nicht legal definiert. Gemeint ist aber der Ort, von dem aus eine nach außen gerichtete Teilnahme am Wirtschaftsverkehr von gewisser Dauer und Selbständigkeit erfolgt.

a) Die Niederlassung des V liegt damit in Italien.

b) U ist nach deutschem Recht als Verbraucherin einzuordnen, die als solche keine Niederlassung hat. Wie Art. 1 Abs. 3 CISG deutlich macht, ist die Unternehmer- oder die Kaufmannseigenschaft einer Partei keine Anwendungsvoraussetzung für das UN-Kaufrecht. Vielmehr wird nach Art. 10 lit. b CISG mangels Niederlassung auf den gewöhnlichen Aufenthalt der U abgestellt, der hier in Deutschland liegt.

Niederlassung bzw. gewöhnlicher Aufenthalt von U und V liegen in verschiedenen Vertragsstaaten des CISG, so dass die Voraussetzungen des Art. 1 Abs. 1 lit. a CISG erfüllt sind. Das UN-Kaufrecht ist grundsätzlich anwendbar.

3. Ausnahmen vom Anwendungsbereich können sich aber aus Art. 2 lit. a CISG ergeben. Danach findet das Übereinkommen keine Anwendung auf den Kauf von Ware für den persönlichen Gebrauch, es sei denn, dass dies für den Verkäufer bei Vertragsschluss nicht erkennbar war.

a) Die Wandteller sind, zumindest wenn sie stückweise gekauft werden, typischerweise **Waren für den persönlichen Gebrauch.**

b) Eine solche Nutzung dürfte dem V auch **erkennbar** gewesen sein.

Art. 2 lit. a CISG ist demnach einschlägig.

Zwischenergebnis: Das CISG findet hier keine Anwendung.

*[Die Frage, ob die Rechtswahlklausel auf dem Lieferschein zu einem **Ausschluss des UN-Kaufrechts gem. Art. 6 CISG** geführt hat, kann daher offen bleiben.]*

III. Die **Rom I-VO** könnte einschlägig sein und insoweit gem. Art. 3 Nr. 1 b) EGBGB Vorrang gegenüber den nationalen Kollisionsnormen haben.

1. Der **Anwendungsbereich der Rom I-VO** müsste eröffnet sein, vgl. Art. 1 Rom I-VO. Eine Zivilsache liegt vor, ein Kaufvertrag ist ein vertragliches Schuldverhältnis und die Ausnahmetatbestände des Art. 1 Abs. 2 Rom I-VO sind nicht einschlägig.

Hinweise, dass der Vertrag nicht nach dem 17.12.2009 geschlossen wurde, liegen nicht vor, so dass die Verordnung gem. Art. 28 Rom I-VO auch zeitlich anwendbar ist.

Mangels Anwendbarkeit des UN-Kaufrechts kommt auch kein gem. Art. 25 Rom I-VO vorrangiges internationales Übereinkommen in Betracht.

Italien und Deutschland sind Mitgliedstaaten der EU, so dass die Rom I-VO ohne weiteres Eingehen auf Art. 2 Rom I-VO Anwendung findet.

2. Nach der **Rechtswahlklausel in den AGB des Lieferscheins** könnte allein italienisches Recht anwendbar sein. Solch eine Vereinbarung kann gem. Art. 3 Abs. 2 Rom I-VO jederzeit erfolgen, also auch noch nach Vertragsschluss, hier bei der Lieferung.

Allerdings müssen die Parteien die Rechtswahl vereinbaren. Allein V hat sich erklärt, U hat nur geschwiegen. Fraglich ist, ob darin eine konkludente Annahme gesehen werden kann. Die Antwort ergibt sich gem. **Art. 3 Abs. 5 i.V.m. Art. 10 Abs. 1 Rom I-VO** nach der Rechtswahlklausel, also nach dem Recht, das bei wirksamer Vereinbarung anwendbar wäre, mithin nach dem Recht Italiens.

Nach **Art. 1341 Abs. 1 ital. Codice civile** werden die AGB nur Bestandteil des Vertrages, wenn sie die andere Vertragspartei zum Zeitpunkt des Vertragsschlusses kannte oder kennen musste. Die Übersendung der AGB reicht daher allein nicht aus. Eine Zustimmung der U müsste noch erfolgen, die U aber verweigern dürfte.

Eine Rechtswahl seitens der Parteien ist daher nicht erfolgt.

→ zum Prüfungsschema der Rom I-VO
siehe Kasten auf S. 50

3. Nach der **objektiven Anknüpfung gem. Art. 4 Abs. 1 lit. a Rom I-VO** ist das Recht des Staates anzuwenden, in dem der Verkäufer seinen gewöhnlichen Aufenthalt hat. Dies ist bei V als Händler, gem. Art. 19 Abs. 1 S. 2 Rom I-VO, Italien als Ort seiner Niederlassung. Die Ausweichklausel des Art. 4 Abs. 3 Rom I-VO ist mangels engerer Verbindung nicht einschlägig.

4. Art. 6 Abs. 1 Rom I-VO verdrängt die objektive Anknüpfung nach Art. 4 Rom I-VO als lex specialis bei Vorliegen eines Verbrauchervertrags:

a) U ist Verbraucher i.S.d. Art. 6 Abs. 1 Rom I-VO, da sie die Wandteller zu privaten Zwecken gekauft hat.

b) V betreibt einen Laden und ist daher Unternehmer i.S.d. Art. 6 Abs. 1 Rom I-VO.

c) Die weiteren Voraussetzungen des Art. 6 I Rom I-VO müssten erfüllt sein: Der V übt seine gewerbliche Tätigkeit jedoch nicht in Deutschland aus, so dass Art. 6 Abs. 1 lit. a Rom I-VO nicht einschlägig ist.

Gem. Art. 6 Abs. 1 lit. b Rom I-VO müsste V seine Tätigkeit „auf irgend eine Weise" auf Deutschland ausgerichtet haben. V hat aber weder Werbung in Deutschland gemacht, noch verschickt er regelmäßig Waren nach Deutschland. Die Versendung geschah vielmehr auf Bitten der U. Eine Ausrichtung auf Deutschland besteht daher nicht.

Mithin gelten gem. Art. 6 Abs. 3 Rom I-VO die Art. 3, 4 Rom I-VO, so dass italienisches Recht Anwendung findet. Gem. Art. 20 Rom I-VO ist die Verweisung eine Sachnormverweisung, so dass das italienisches IPR - insbesondere mit Blick auf einen *Renvoi* - nicht zu prüfen ist.

Ergebnis: Italienisches Recht ist auf den vorliegenden Sachverhalt anzuwenden. U sollte sich daher besser an einen italienischen Anwalt wenden.

Abwandlung

U könnte – unabhängig von etwaigen Mängelrechten – ein **Widerrufsrecht gem. §§ 312g Abs. 1, 312b Abs. 1 S. 1 Nr. 4 BGB** zustehen, so dass sie sich gem. § 355 Abs. 1 BGB vom mit V geschlossenen Vertrag lösen könnte.

I. – III. 3. wie im Grundfall

III. 4. Art. 6 Abs. 1 Rom I-VO verdrängt die objektive Anknüpfung nach Art. 4 Rom I-VO als lex specialis bei Vorliegen eines Verbrauchervertrags:

a) U ist Verbraucher i.S.d. Art. 6 Abs. 1 Rom I-VO, da sie die Wandteller zu privaten Zwecken gekauft hat.

b) V betreibt einen Laden und ist daher Unternehmer i.S.d. Art. 6 Abs. 1 Rom I-VO.

c) Die weiteren Voraussetzungen des Art. 6 I Rom I-VO müssten erfüllt sein: V müsste seine Tätigkeit „auf irgendeine Weise" auf Deutschland ausgerichtet haben.

Der V hat in Deutschland eine „Kaffeefahrt" organisiert und dafür Werbung gemacht. Mithin hat er seine Tätigkeit auf Deutschland ausgerichtet.

d) Eine der in Art. 6 IV Rom I-VO genannten Ausnahmen ist nicht ersichtlich.

e) Die Rechtsfolge ist davon abhängig, ob die Parteien eine freie Rechtswahl getroffen haben, vgl. Art. 6 Abs. 2 Rom I-VO. Wie bereits festgestellt, haben V und U keine wirksame Rechtswahl getroffen. Daher findet gem. Art. 6 Abs. 1 Rom I-VO das Recht des Staates, in dem der Verbraucher seinen gewöhnlichen Aufenthalt hat, Anwendung. Folglich ist deutsches Recht einschlägig.

IV. Unter **Anwendung deutschen Rechts** steht der U ein Widerrufsrecht gem. §§ 312g Abs. 1, 312b Abs. 1 S. 1 Nr. 4 BGB zu. Allerdings ist die Frist des § 355 Abs. 2 S. 1 BGB zu beachten, sofern die U ordnungsgemäß belehrt wurde.

? *Wiederholungs- und Vertiefungsfragen*

1. Wie ist die Rom I-VO auszulegen?

2. Was ändert sich im Vergleich zum Grundfall, wenn V sich als Albaner entpuppt, der sein Geschäft nur während des Sommers in Italien betreibt, ansonsten aber in Albanien wohnt und dort seine Hauptniederlassung hat?

3. U zieht von Kassel nach Dresden („Elbflorenz"). Ihre Wohnung in Kassel vermietet sie an den Deutschen M. Aus Liebe zu Italien schreibt sie in den Mietvertrag eine Rechtswahlklausel, die italienisches Recht vorsieht. M unterschreibt. Welches Recht gilt?

✔ *Lösungen der Wiederholungs- und Vertiefungsfragen*

1. Die Rom I-VO ist als Verordnung europäisches Sekundärrecht und daher gemeinschaftsrechtsautonom auszulegen: Neben grammatikalischer, historischer und systematischer Auslegung ist im Rahmen der teleologischen Auslegung insbesondere auf die Erwägungsgründe der VO und der *effet utile* (Art. 4 Abs. 3 EUV Prinzip der größtmöglichen Wirksamkeit) zu beachten.

Die Auslegungskompetenz besitzt der EuGH, so dass das Vorabentscheidungsverfahren nach Art. 267 AEUV eine entscheidende Bedeutung hat (🕮 *Palandt/Thorn,* Vorb. Rom I-VO, Rn 3 ff.).

2. Im Ergebnis ändert sich nichts und auch in der rechtlichen Bewertung ändert sich nur wenig: Die objektive Anknüpfung gem. Art. 4 Rom I-VO bezieht sich auf den gewöhnlichen Aufenthalt. Dieser liegt grundsätzlich am Ort der Hauptniederlassung, mithin in Albanien. Gem. **Art. 19 Abs. 2 Rom I-VO** steht bei einem Vertrag, der im Rahmen des Betriebes einer Zweigniederlassung geschlossen wird, der Ort der Zweigniederlassung dem Ort des gewöhnlichen Aufenthalts gleich.

Letztlich würde aber albanisches Recht schon aufgrund **des Art. 4 Abs.** 3 **Rom I-VO** keine Anwendung finden: Für U war die Herkunft des V im Falle des Kaufs in Italien nicht ersichtlich und auch sonst bestanden keinerlei Beziehungen zu Albanien, da ein Bargeschäft vorlag. Daher bestand zum Recht Italiens eine offensichtlich engere Verbindung.

3. Bei Immobiliarmietverträgen gilt gem. Art. 4 Abs. 1 lit. c Rom I-VO die gesetzliche Anknüpfung an die *lex rei sitae*, es sei denn, das Mietverhältnis wird nur zum vorübergehenden Gebrauch für höchstens sechs Monate geschlossen, Art. 4 Abs. 1 lit. c Rom I-VO. Die Rechtswahl i.S.d. Art. 3 Rom I-VO zwischen U und M ist demgegenüber vorrangig. Es darf auch das Recht eines Staates gewählt werden, in dem die Mietsache belegen ist oder noch wenigstens eine Partei ansässig ist. Art. 6 Rom I-VO steht dem jedenfalls nicht entgegen, da Mietverträge gem. Art. 6 Abs. 4 lit. c Rom I-VO nicht umfasst werden. **Art. 3 Abs.** 3 **Rom I-VO** setzt der Gestaltung bei sog. „**Binnensachverhalten**" allerdings insoweit Grenzen, als dass nicht von zwingenden Regelungen (hier: des Mietrechts) abgewichen werden darf.

Fall 8: Grundstückskauf – aber richtig!

▸ **Themen:** Form nach Art. 11 Rom I-VO,
Anknüpfungserschleichung ★

Nach einem harten Winter unternimmt der deutsche Bergbauer
Bruno (B) eine Reise in das italienische Tirol. Bei dieser Gelegen-
heit trifft er Mario (M), der schon immer einen Bauernhof in
Deutschland kaufen wollte. Kurzerhand setzen die beiden einen
privatschriftlichen Kaufvertrag auf, der vorsieht, dass M den Hof
für 250.000 € erwirbt. Zurück in Deutschland besinnt sich B jedoch
auf die Vorzüge des Bergbauerntums und bedauert den Verkauf.
Als M nun die Herausgabe des Hofes verlangt, beruft sich B auf
die Unwirksamkeit des Kaufvertrages. **Zu Recht?**

Nach **Art. 1350 ital. Codice Civile** (*„Atti che devono farsi per iscritto"*)
genügt für die Wirksamkeit von Grundstückskaufverträgen die privat-
schriftliche Form.

Abwandlung: B verkauft den Hof nicht an M, sondern an seinen
deutschen Kollegen Sepp (S). Um Notargebühren zu sparen,
schließen sie den Kaufvertrag per Briefwechsel von Bayern nach
Rom, wo S seinen Sommerurlaub verbringt. Ist der Vertrag
wirksam?

Anspruch des M gegen B aus § 433 I 1 BGB

I. IPR-Sachverhalt: Auslandsbezug

II. UN-Kaufrecht

III. Rom I-VO (Art. 3 Nr. 1 b) EGBGB)

  1. Anwendbarkeit, Art. 1 Rom I-VO

  2. Rechtswahl, Art. 3 Rom I-VO

  3. Verbrauchervertrag, Art. 6 Rom I-VO

  4. Objektive Anknüpfung gem. Art. 4 Abs. 1 lit. c Rom I-VO

  5. Anwendung deutschen Rechts:
    Formunwirksamkeit gem. §§ 125 S. 1, 311b Abs. 1 S. 1 BGB.

  6. Formfrage als selbständig anzuknüpfende Teilfrage,
    Art. 11 Rom I-VO

    a) Voraussetzungen

    b) Art. 11 V Rom I-VO

→ italienisches Recht findet Anwendung
Zwischenergebnis: der Vertrag wurde formwirksam geschlossen.
IV. Ergebnis: M hat gegen B einen Anspruch gem. § 433 Abs. 1 S. 1 BGB.

Abwandlung: Ist der Vertrag formwirksam?
I. Anwendungsbereich Rom I-VO eröffnet
II. Sonderanknüpfung Teilfrage
  1. Art. 11 I Rom I-VO
  2. Art. 11 II Rom I-VO
  3. Art. 11 V Rom I-VO
III. Gesetzesumgehung
  1. Umgehungshandlung
  2. Umgehungsabsicht
  3. rechtsmissbräuchliche Umgehung
IV. Ergebnis: formwirksamer Vertrag

M könnte gegen B einen Anspruch auf Eigentums- und Besitzverschaffung am Hofgrundstück nach § 433 Abs. 1 S. 1 BGB haben.

Dann müsste deutsches Recht anwendbar sein.

I. M ist Italiener, der Vertrag zwischen M und B wurde in Italien geschlossen. Der Sachverhalt weist mithin einen für die **Anwendung des IPR** notwendigen Bezug zum Recht eines anderen Staates auf.

II. Internationale Abkommen, denen ein Vorrang gegenüber den nationalen Kollisionsnormen zukommt, sind zu beachten, vgl. Art. 3 Nr. 2 EGBGB.

Das **UN-Kaufrecht** könnte Anwendung finden. Art. 1 Abs. 1 CISG bezieht sich aber nur auf Kaufverträge über Waren, also nur auf bewegliche, körperliche Sachen. Grundstücke fallen demnach nicht darunter. Schon der sachliche Anwendungsbereich des CISG ist nicht eröffnet.

III. Die **Rom I-VO** könnte einschlägig sein und insoweit gem. Art. 3 Nr. 1 b) EGBGB Vorrang gegenüber den nationalen Kollisionsnormen haben.

1. Der **Anwendungsbereich der Rom I-VO** müsste eröffnet sein, vgl. Art. 1 Rom I-VO. Eine Zivilsache liegt vor; ein Kaufvertrag ist ein vertragliches Schuldverhältnis und die Ausnahmetatbestände des Art. 1 II Rom I-VO sind nicht einschlägig.

Hinweise, dass der Vertrag vor dem 17. Dezember 2009 geschlossen wurde, liegen nicht vor, so dass die Verordnung gem. Art. 28 Rom I-VO auch zeitlich anwendbar ist.

Mangels Anwendbarkeit des UN-Kaufrechts kommt auch kein gem. Art. 25 Rom I-VO vorrangiges internationales Übereinkommen in Betracht.

Italien und Deutschland sind Mitgliedstaaten der EU, so dass die Rom I-VO Anwendung findet.

2. Eine **Rechtswahl gem. Art. 3 Rom I-VO** zwischen B und M erfolgte nicht.

3. Auch ein **Verbrauchervertrag gem. Art. 6 Rom I-VO** liegt mangels Unternehmereigenschaft des B als Verkäufer nicht vor.

4. Mithin erfolgt eine objektive Anknüpfung gem. Art. 4 Rom I-VO. Nach **Art. 4 Abs. 1 lit. c Rom I-VO** unterliegen **Verträge über ein dingliches Recht an unbeweglichen Sachen** dem Recht des Staates, in dem die unbewegliche Sache belegen ist.

Der Kaufvertrag über das Eigentum eines Grundstücks mitsamt Hof fällt darunter. Nach der durch Art. 4 Abs. 1 lit. c Rom I-VO kodifizierten *lex rei sitae* findet aufgrund des Belegenheitsorts des Bauernhofes in Deutschland deutsches Recht Anwendung.

Eine Ausnahme nach Art. 4 Abs. 3 Rom I-VO, wonach das Recht desjenigen Staates anzuwenden ist, das aus der Gesamtheit der Umstände eine offensichtlich engere Verbindung aufweist, kommt nicht in Betracht: Allein der Vertragsschluss in Italien bewirkt bei Belegenheit des Grundstücks als Kaufsache in Deutschland nicht eine engere Verbindung zu Italien.

5. Der zwischen M und B geschlossene Kaufvertrag über das Grundstück müsste nach deutschem Recht wirksam sein.

Dem könnte das Formerfordernis des **§ 311b Abs. 1 S. 1 BGB** entgegenstehen. Demnach müssen Kaufverträge über Grundstücke notariell beurkundet werden, insbesondere um die Vertragsparteien vor übereilten und unüberlegten, meist folgenreichen Verpflichtungen zu schützen. Eine solche notarielle Beurkundung fehlt hier, so dass sich der Kaufvertrag nach deutschem Recht als **formunwirksam** und damit gem. § 125 S. 1 BGB als nichtig erweist.

6. Die Frage, welche Rechtsordnung die **Form** eines Vertrages bestimmt, ist aber eine **selbständig anzuknüpfende Teilfrage**.

---

§ **Teilfrage**

= eine Tatbestandsvoraussetzung der Hauptfrage, die von dieser abgespalten und einem gesonderten Statut unterstellt werden kann.

- grds. **Regelanknüpfung**. Teilfragen werden grds. von der berufenen materiellen Rechtsordnung beantwortet, da sie mit der Hauptfrage einen einheitlichen Lebenssachverhalt bilden.
- Ausnahme: **Sonderanknüpfung**, um einzelne Interessen besser berücksichtigen zu können.
  - Geschäftsfähigkeit, Art. 7 I EGBGB
    → vgl. Fall 6: *„Junges Gemüse"*
  - Form des Rechtsgeschäfts, Art. 11 EGBGB, Art. 11 Rom I-VO
  - Ehefähigkeit, Art. 14 EGBGB

Für Formfragen besteht mit **Art. 11 Rom I-VO** eine **Sonderregelung**. Demnach können Teilfragen auch an das Ortsrecht angeknüpft werden. Auf diese Weise soll der internationale Rechtsverkehr erleichtert und insbesondere dem Entscheidungseinklang Rechnung getragen werden. D.h. ein Vertrag soll nicht allein wegen internationaler Formkonflikte unwirksam sein bzw. werden.

Unter den Voraussetzungen des **Art. 11 Abs. 1 Rom I-VO** könnte der zwischen M und B geschlossene Vertrag auch nach italienischem Recht zu beurteilen sein:

a) Der Vertrag müsste zwischen zwei Personen geschlossen worden sein, die sich **zum Zeitpunkt des Vertragsschlusses in demselben Staat befanden**. Die Vertragsparteien M und B befanden sich beide in Italien.

b) Der Vertrag erfüllt die **Formerfordernisse** des Rechts des Staates, in dem er geschlossen wurde. Nach dem Recht Italiens ist gem. **Art. 1350 ital. Codice Civile** ein Grundstückskaufvertrag auch in privatschriftlicher Form wirksam.

c) Letztlich dürfte **Art. 11 Abs. 5 Rom I-VO** nicht entgegenstehen. Demnach sind allein die Formvorschriften des Belegenheitsortes (*lex rei sitae*), hier Deutschlands maßgeblich, sofern diese Vorschriften unabhängig vom Abschlussort gelten und von ihnen nicht durch Vereinbarung abgewichen werden darf.

Die Formvorschrift des **§ 311b Abs. 1 S. 1 BGB ist nicht international zwingend**, sie gilt allein in Deutschland, erhebt aber keinen Anspruch auf unbedingte Anwendung für Verträge über im Inland belegene Grundstücke.

Zwischenergebnis: Der Kaufvertrag von M und B über das Hofgrundstück des B ist formwirksam.

IV. Ergebnis: M hat gegen B einen Anspruch auf Eigentums- und Besitzverschaffung am Hofgrundstück gem. § 433 Abs. 1 S. 1 BGB.

Abwandlung

Der Vertrag ist wirksam, wenn die italienische Formvorschrift des Art. 1350 ital. Codice Civile und nicht die deutsche Formvorschrift des § 311b Abs. 1 S. 1 BGB Anwendung findet.

Antwort auf diese Frage gibt mangels einschlägiger internationaler Abkommen die Rom I-VO, die gem. Art. 3 Nr. 1 b) EGBGB Vorrang gegenüber den nationalen Kollisionsnormen hat.

I. Der **Anwendungsbereich der Rom I-VO** ist eröffnet, Art. 1 Rom I-VO (vgl. insoweit den Ausgangsfall).

II. Wiederum ist die Frage, welche Rechtsordnung die **Form** eines Vertrages bestimmt, als **Teilfrage selbständig anzuknüpfen.** Es gilt die Sonderregelung des **Art. 11 Rom I-VO.**

1. Art. 11 Abs. 1 Rom I-VO ist nur einschlägig, wenn sich die Vertragspartner zum Zeitpunkt des Vertragsschlusses in demselben Staat befinden. S befindet sich in Italien, B dagegen in Deutschland.

2. In diesem Fall gilt **Art. 11 Abs. 2 Rom I-VO**, der eine alternative Anknüpfung auch an das Recht eines Staates, in dem sich eine der Vertragsparteien zum Zeitpunkt des Vertragsschlusses befindet, statuiert.

Mithin gilt italienisches Recht, so dass der Vertrag gem. Art. 1350 ital. Codice Civile formwirksam ist.

3. Art. 11 Abs. 5 Rom I-VO steht dem nicht entgegen (vgl. Ausgangsfall).

III. Letztlich dürfte das Verhalten von S und B nicht als **Gesetzesumgehung (*fraus legis*)** in Form der Anknüpfungserschleichung zu bewerten sein.

§ Anknüpfungserschleichung

Die Anknüpfungserschleichung stellt eine Gesetzesumgehung, sog. *fraus legis* bzw. *fraude à la loi* dar. Zu unterscheiden sind:

1. Echte Gesetzesumgehung
- obj. Voraussetzung: Manipulation der Anknüpfungspunkte, z.B. Änderung des Handlungs- und Aufenthaltsorts, Wechsel des Wohnsitzes oder der Staatsangehörigkeit

- subj. Voraussetzung: bewusst missbräuchliches Verhalten der Parteien
- rechtsmissbräuchlich: erzielter Erfolg steht in krassem Widerspruch zum Gesetzeszweck, z.B.
    - bei missbräuchlicher Schaffung einer vom Gesetz nicht vorgesehenen Rechtswahlmöglichkeit
    - nicht aber bei Wechsel der Staatsangehörigkeit, um Scheidung zu ermöglichen, oder die Verlegung des Abschlussortes eines Vertrages

76

> **Rechtsfolge:** die Gesetzesumgehung ist rückgängig zu machen, indem nicht das erschlichene, sondern das umgangene ungünstige Recht angewendet wird.
>
> **2. Unechte Gesetzesumgehung**
> Die zur Anknüpfung oder Qualifikation erforderlichen Tatsachen werden nur vorgetäuscht. Eine Gesetzesumgehung liegt damit gar nicht vor. Hier muss nur der eigentliche Sachverhalt aufgedeckt werden, um die Gesetzesumgehung zu verhindern.
>
> **Beispiel:** B und M schließen den Vertrag in Deutschland ab, geben aber Rom als Abschlussort im Kaufvertrag an.
>
> 📖 *Malkus/Pierenkemper/Schulz*, Einführung in das IPR, A.III.4.

1. Objektive Voraussetzung einer solchen Gesetzesumgehung ist eine **Umgehungshandlung**. B und S könnten die anknüpfungserheblichen Tatsachen beeinflusst haben. Durch die Reise des S nach Italien hat er das Ortsrecht verändert.

2. Subjektive Voraussetzung ist die **Umgehungsabsicht**. B und S müssten die anknüpfungserheblichen Tatsachen bewusst und mit dem Ziel der Umgehung verändert haben. B und S hatten die Intention, auf eine notarielle Beurkundung zwecks Gebührenersparnis zu verzichten.

3. Letztlich müsste die Umgehung **rechtsmissbräuchlich** gewesen sein, der erzielte Erfolg also in krassem **Widerspruch zum Gesetzeszweck** stehen.

Ratio der alternativen Anknüpfung des Art. 11 Abs. 2 Rom I-VO ist es, den Parteien einen wirksamen Vertragsschluss an dem Ort zu ermöglichen, an dem sie sich gerade befinden. Dafür spricht, dass sie sich über das Ortsrecht regelmäßig leicht informieren können. Andererseits soll auch ein „Vertragsschlusstourismus" verhindert werden.
S ist nicht nur zum Zweck des Vertragsschlusses nach Rom gereist, sondern um Ferien zu machen. Dies zeigt die Schwierigkeit, zwischen dem Zweck des Auslandsaufenthaltes im Rahmen des Art. 11 Abs. 2 Rom I-VO zu unterscheiden. Umfangreiche Nachforschungen wären nötig, was wiederum zu erheblicher

Rechtsunsicherheit führt. Im Vergleich zur Rechtssicherheit wiegt die Einhaltung der Formvorschriften nur gering. Die Motive der Reise des S nach Italien sind daher unerheblich.

Ein krasser Widerspruch zum Gesetzeszweck besteht bei einem formlosen Grundstücksverkauf in Italien, (Dänemark, Österreich, Frankreich, Belgien usw.) um Notarkosten zu sparen, daher nicht. Art. 11 Rom I-VO ermöglicht dieses Vorgehen gerade.

Ergebnis: Der zwischen B und S geschlossene Vertrag ist formwirksam.

Für den Eigentumsübergang gelten allerdings, da die Rom I-VO Verfügungen über Sachen nicht erfasst, gem. Art. 11 Abs. 4 EGBGB zwingend die Formvorschriften des Art. 43 Abs. 1 EGBGB, mithin deutsches Recht als *lex rei sitae*.

? *Wiederholungs- und Vertiefungsfragen*

1. Nennen Sie ein Beispiel für die Gesetzesumgehung durch missbräuchliche Schaffung einer vom Gesetz nicht vorgesehenen Rechtswahlmöglichkeit!

2. Welcher Anwendungsbereich kommt Art. 11 EGBGB neben Art. 11 Rom I-VO heute noch zu?

3. Welche Unterschiede bestehen zwischen beiden Regelungen?

4. Durch welchen dogmatischen Ansatz hätte das Problem der Formerschleichung noch dargestellt werden können?

🕮 *v. Hoffmann/Thorn, § 6 Rn 122 ff.*

78

1. Beispielhaft für die missbräuchliche Schaffung einer vom Gesetz nicht vorgesehenen Rechtswahlmöglichkeit sind die sog. „Gran-Canaria"-Fälle: Dabei verkaufen deutsche Firmen z.B. in Tunesien Waren an deutsche Touristen unter Einschaltung eines tunesischen Strohmannes, um das Widerrufsrecht gemäß §§ 312b Abs. 1 S. 1 Nr. 1, 312g Abs. 1 BGB zu umgehen (die Bezeichnung der Problematik geht auf den Ort zurück, an dem sie zum ersten Mal vermehrt auftrat).

2. Art. 11 Rom I-VO bezieht sich auf Schuldverträge und die darauf bezogenen einseitigen Rechtsgeschäfte. Art. 11 EGBGB zudem noch auf alle anderen Rechtsgeschäfte. Insbesondere die dinglichen Geschäfte, wie z.B. die Übereignung des Grundstücks von B auf M, werden noch durch Art. 11 Abs. 4 EGBGB geregelt.

3. Beide Regelungen sind sich weitestgehend ähnlich. Der wesentliche Unterschied des neuen Art. 11 Rom I-VO ist die weitere Anknüpfung an den gewöhnlichen Aufenthalt der Parteien, wenn diese in verschiedenen Staaten handeln. Auf diese Weise kann auch bei Distanzgeschäften (z.B. Vertragsabschluss per Brief) die Form in vielen Fällen eingehalten werden. Eine Umgehung (vgl. Abwandlung und Frage 1) dürfte auf diese Weise noch leichter vorzunehmen sein.

4. Das Problem der Formerschleichung lässt sich neben dem hier gewählten eigenen Institut der Gesetzesumgehung auch durch Rückgriff auf Art. 6 EGBGB (*ordre public*) oder durch teleologische Reduktion des Art. 11 Rom I-VO dogmatisch verankern.

Fall 9: Crash in Antalya

▶ **Themen:** in Anlehnung an BGH NJW 1992, 3091; BGH NJW 1996, 1411; Internationales Deliktsrecht, Rom II-VO ★

Orhan (O) und Ismet (I) sind türkische Staatsangehörige mit Wohnsitz in Deutschland. Nach ihrem Abitur im Jahre 2015 unternahmen sie eine Reise in die Türkei mit dem in Deutschland zugelassenen und versicherten PKW des I. Dort verursachte I einen Verkehrsunfall, bei dem O verletzt wurde. Die Haftung des I für den vollen Unfallschaden steht dabei außer Streit.

O fordert nun von I vor einem deutschen Gericht Schadensersatz. I hat O, in korrekter Anwendung türkischen Rechts, bereits 1.000 € Schmerzensgeld gezahlt und lehnt den Ersatz des materiellen Schadens ab. O macht nun auf der Grundlage deutschen Rechts einen materiellen Schaden i.H.v. 25.000 € geltend und beansprucht Schmerzensgeld i.H.v. 30.000 €. Nach deutschem Recht würde O der Anspruch in voller Höhe nach § 823 Abs. 1 BGB zustehen.

Hat O noch einen Schadensersatzanspruch gegen I?

Bearbeitervermerk: Versicherungsrechtliche Aspekte sind außer Betracht zu lassen.

Anspruch des O aus § 823 Abs. 1 BGB
I. Sachverhalt mit Auslandsberührung nach Art. 3 EGBGB
II. Anwendbarkeit materiellen Einheitsrechts?
III. Anwendbarkeit internationaler kollisionsrechtlicher Abkommen?
IV. Bestimmung der maßgeblichen Kollisionsnorm der Rom II-VO
    1. keine vorrangigen völkerrechtlichen Abkommen, Art. 28 Rom II-VO
    2. keine Rechtswahl, Art. 14 Rom II-VO
    3. keine spezielle Kollisionsnormen, Art. 5-9 Rom II-VO
    4. Anknüpfung an den gewöhnlichen Aufenthaltsort, Art. 4 Abs. 2 Rom II-VO
    5. keine engere Verbindung zum Recht eines anderen Staates, Art. 4 Abs. 3 Rom II-VO
VI. Anwendung der maßgeblichen Kollisionsnorm
VII. Anwendung des maßgeblichen Sachrechts
VIII. Ergebnis

O könnte gegen I einen Anspruch aus § 823 Abs. 1 BGB haben.

Dazu müsste sich der Anspruch des O gegen I nach deutschem Recht richten. Ob auf den vorliegenden Fall deutsches Recht anwendbar ist, bestimmt sich nach dem EGBGB.

I. Zur Anwendung des EGBGB müsste zunächst ein Fall mit **Auslandsberührung nach Art. 3 a.E. EGBGB** vorliegen.

Der Sachverhalt weist hier durch die Staatsangehörigkeit der Beteiligten O und I sowie durch den im Ausland gelegenen Unfallort Auslandsberührung auf. Das auf den Sachverhalt anwendbare Recht ist daher gem. Art. 3 a.E. EGBGB nach den Vorschriften des Kollisionsrechts zu bestimmen.

II. **Vereinheitlichtes Sachrecht** ist nicht anwendbar.

III. **Vorrangige anwendbare Staatsverträge nach Art. 3 Nr. 1 a) EGBGB** liegen hier in Form der Rom II-VO (EG-Verordnung EG Nr. 864/2007) vor, da sich der Unfall nach dem Inkrafttreten der VO am 11.1.2009 ereignete, die sachlich auf außervertragliche Schuldverhältnisse in Zivil- und Handelssachen anwendbar ist.

IV. **Bestimmung** der **maßgeblichen Kollisionsnorm** der **Rom II-VO**

1. Vorrangig anwendbare **völkerrechtliche Abkommen** nach **Art. 28 Rom II-VO** sind hier nicht einschlägig.

2. Ebenso liegt keine Rechtswahl nach Art. 14 Rom II-VO vor.

3. Die **speziellen Kollisionsnormen** der **Art. 5-9 Rom II-VO** sind ebenfalls nicht einschlägig.

4. Da die beiden Deliktsbeteiligten O und I ihren **gewöhnlichen Aufenthalt** in Deutschland haben, kommt nach **Art. 4 Abs. 2 Rom II-VO** das gemeinsame Heimatrecht zur Anwendung.

Dabei ist es nicht nötig, dass sich die Verweisung auf das Recht eines Mitgliedstaates der Rom II-VO richtet; nach Art. 3 Rom II-VO besteht nämlich die sog. universelle Anwendung.

5. Schließlich dürfte keine offensichtlich **engere Verbindung** zu dem Recht eines anderen Staates nach **Art. 4 Abs. 3 Rom II-VO** bestehen.

Eine solche engere Verbindung könnte sich hier aus der Staatsangehörigkeit von O und I ergeben. O und I sind beide türkische Staatsbürger, auch befindet sich der Unfallort in der Türkei, so dass die Vermutung nahe liegt, es bestünde eine engere Verbindung zum türkischen Recht.

Nach h.M. ist jedoch die gemeinsame Staatsangehörigkeit der Unfallbeteiligten selbst dann unerheblich, wenn sie mit dem Erfolgsort zusammenfällt.

Dafür spricht insbesondere der hohe Stellenwert, der dem gewöhnlichen Aufenthaltsort zukommt. An diesen Ort kehren die Beteiligten nach dem schädigenden Ereignis wieder zurück und müssen auch dort mit den Folgen des Schadens leben. Des Weiteren ist im vorliegenden Fall auch der Unfallwagen in Deutschland versichert worden, was ebenfalls gegen eine engere Verbindung zum Ort des schädigenden Ereignisses, hier der Türkei, spricht.

VI. Anwendung der maßgeglichen Kollisionsnorm

Mithin ist gem. Art. 4 Abs. 2 Rom II-VO das Recht des gewöhnlichen Aufenthaltes von Ersatzpflichtigem und Verletztem einschlägig.
Wo sich der gewöhnliche Aufenthalt der Beteiligten befindet, richtet sich, auch im Deliktsrecht, nach den allgemeinen Regeln (→ siehe Fall 11 „Der Schiffsfander"). Ein besonderer deliktsrechtlicher Begriff des gewöhnlichen Aufenthalts besteht nach h.M. nicht.

Entscheidend ist damit, wo O und I ihren Lebensmittelpunkt haben: Wo liegt der Schwerpunkt ihrer familiären, sozialen und beruflichen Bindungen? O und I haben beide gerade das Abitur in Deutschland absolviert und sind dort auch wohnhaft. Dementsprechend liegt dort auch ihr Lebensmittelpunkt und der Ort ihres gewöhnlichen Aufenthalts.

> **Anmerkung:** Hätten O und I ihren gewöhnlichen Aufenthalt nicht in an einem gemeinsamen Ort, so wäre nach Art. 4 Abs. 1 Rom II-VO das Erfolgsrecht des Deliktes maßgeblich.

Nach Art. 4 Abs. 2 Rom II-VO ist der Streitfall daher nach deutschem Sachrecht zu beurteilen.

VII. Anwendung des berufenen Sachrechts

Da, wie im Sachverhalt vorgegeben, die Voraussetzungen für einen Anspruch des O gegen I aus § 823 Abs. 1 BGB vorliegen, ist der Anspruch des I gegen O auf Zahlung von insgesamt 55.000 € dem Grunde nach zu bejahen. O muss sich allerdings die bereits erfolgte Teilzahlung von 1.000 € nach § 362 Abs. 1 BGB entgegenhalten lassen.

VIII. Ergebnis: Im Ergebnis besteht ein Anspruch des O gegen I aus § 823 Abs. 1 BGB i.H.v. 54.000 €.

? *Wiederholungs- und Vertiefungsfragen*

1. Bestehen grundsätzlich im Bereich des Deliktsrechts vorrangig anwendbare staatsvertragliche Kollisionsnormen?

2. Was versteht man unter einer alternativen Anknüpfung? Nennen Sie Beispiele!

3. Was sind „*punitive damages*" und welche Probleme bereiten sie dem deutschen IPR?

✔ *Lösungen der Wiederholungs- und Vertiefungsfragen*

1. Es gibt Regelungen auf dem Gebiet des Transportrechts sowie das Haager Übereinkommen über das auf Straßenverkehrsunfälle anzuwendende Recht vom 4.5.1971, das jedoch von Deutschland noch nicht ratifiziert wurde.

2. Eine alternative Anknüpfung liegt vor, wenn die Anknüpfung an eines oder mehrere Merkmale je nach Wahl des Richters oder einer der Parteien erfolgen kann. Beispiele hierfür finden sich in Art. 11 Abs. 1 EGBGB oder auch in Art. 40 Abs. 1 EGBGB.

3. Im anglo-amerikanischen Recht kann neben dem kompensatorischen Schadensersatz zusätzlich noch ein wesentlich weitreichender sog. Strafschadensersatz (*„punitive damages"*) verhängt werden, dem abschreckende Wirkung zukommt.

Hätte ein deutsches Gericht US-amerikanische Regelungen zum Strafschadensersatz zu prüfen, dürfte es diese nicht anwenden. Denn **Art. 40 Abs. 3 Nr. 2 EGBGB** normiert den Vorbehalt, dass Ansprüche, die offensichtlich anderen Zwecken als einer angemessenen Entschädigung des Verletzten dienen, nicht geltend gemacht werden können. Dies trifft gerade auf die *„punitive damages"* zu, da diese auch präventive Zwecke verfolgen.

Praktisch relevanter ist die Frage, ob deutschen Beklagten Klagen vor US-Gerichten, die auf *punitive damages* gerichtet sind, zugestellt werden dürfen. **Art. 13 Abs. 1** des **Haager Zustellungsübereinkommens (HZÜ)** sieht vor, dass ein Zustellungsantrag abgelehnt werden kann, wenn er geeignet ist, die Hoheitsrechte oder die Sicherheit des ersuchten Staats (hier Deutschland) zu gefährden. Die Vorschrift ist restriktiv auszulegen. Das BVerfG stellte klar, dass eine "auf Strafschadensersatz (punitive damages) gerichtete Schadensersatzklage nicht von vornherein gegen unverzichtbare Grundsätze eines freiheitlichen Rechtsstaats [verstößt]" (BVerfG, NJW 2013, 990, 991 mwN). Eine Zustellung ist daher grundsätzlich möglich.

Fall 10: Die Kuckucks-Überweisung

▶ **Themen:** Int.-Bereicherungsrecht, Art. 10 Rom II-VO, Haager Protokoll vom 23.11.2007 über das auf Unterhaltspflichten anzuwendende Recht ★★

Der Franzose Vincent (V) und die Deutsche Elisabeth (E) sind seit mehreren Jahren ein Paar. 2010 brachte E ihre Tochter Tiffany (T) zur Welt. Ende 2008 trennte sich das Paar: V zieht zurück nach Paris, E und T bleiben in München. V zahlte von Februar 2015 an monatlich 300 € Unterhalt für T. Anfang 2016 erfährt er, dass er nicht der biologische Vater der T ist. Es kommt zum Streit zwischen E und V. V verlangt daraufhin sein bisher bezahltes Geld von E zurück.

Ende Januar 2016 informiert er seine Bank mit Sitz in Paris darüber, dass der Dauerauftrag storniert werden soll. Durch ein Versehen der Bank wird der Betrag Anfang Februar dennoch an die Bank der E mit Sitz in München überwiesen.

1. Nach welchem Recht beurteilen sich die Ansprüche des V gegen T?

2. Nach welchem Recht beurteilt sich ein Anspruch der Bank des V gegen E bzw. ein Anspruch des V gegen E?

Frage 1: Anwendbares Recht bzgl. Ansprüche des V gegen T
I. IPR-Sachverhalt: Auslandsbezug
II. Internationale Abkommen: HUP – Anwendbarkeit
III. Rom II-VO
  1. Anwendungsbereich
    (sachlich, Abgrenzung zur Rom I-VO, zeitlich)
  2. Rechtswahl gem. Art. 14 Rom II-VO
  3. Art. 10 I Rom II-VO: akzessorische Anknüpfung
IV. Ergebnis: deutsches Recht findet Anwendung

Frage 2: Anwendbares Recht bzgl. der Ansprüche der Bank des V gegen E bzw. des V gegen E
I. IPR-Sachverhalt: Auslandsbezug
II. Abgrenzung der Rom I-VO und Rom II-VO
III. Anknüpfung bei bereicherungsrechtlichen Dreiecksfällen
IV. Ergebnis: deutsches Recht findet Anwendung

Frage 1: Anwendbares Recht bzgl. der Ansprüche des V gegen T

I. Der Unterhalt leistende V ist Franzose mit Wohnsitz in Frankreich. Die Empfängerin E ist Deutsche mit Wohnsitz in Deutschland. Tochter T wohnt ebenfalls in Deutschland. Der Sachverhalt weist mithin einen für die **Anwendung des IPR** notwendigen Bezug zum Recht eines anderen Staates auf.

II. Internationale Abkommen, denen ein Vorrang gegenüber den nationalen Kollisionsnormen zukommt, sind zu beachten, vgl. Art. 3 Nr. 1 und Nr. 2 EGBGB.

1. Das **Haager Übereinkommen über das auf Unterhaltsverpflichtungen gegenüber Kindern anzuwendende Recht** v. 24.10.1956 gilt heute nur noch im Verhältnis zu Belgien, Macau (China), Liechtenstein und Österreich, nicht aber im Verhältnis zu Frankreich.

2. In Betracht kommt aber das **Haager Protokoll vom 23.11.2007 über das auf Unterhaltspflichten anzuwendende Recht (HUP)**, das gem. Art. 3 Nr. 1 c) EGBGB vorrangig vor dem nationalen IPR und gem. Art. 28 Abs. 1 Rom II-VO auch Vorrang gegnüber der Rom II-VO hätte. Es gilt sowohl für Deutschland als auch für Frankreich.

Das Übereinkommen findet nur dann Anwendung, wenn Fragen der Unterhaltspflichten nachgegangen werden soll, die sich aus familiären Beziehungen ergeben, vgl. Art. 1 Abs. 1 HUP. Hier stellt sich jedoch die Frage, ob V seine Zahlungen zurückverlangen kann. Diesbezüglich enthält das Protokoll keine Regelungen.

Das Protokoll regelt in Art. 10 und 11 f) HUP nur den Unterhaltsregress öffentlicher Einrichtungen. Der Unterhaltsregress seitens Privater, wie hier des Scheinvaters, wird hingegen nicht erfasst. Das HUP findet keine Anwendung.

III. Die **Rom II-VO** könnte einschlägig sein und insoweit gem. Art. 3 Nr. 1 b) EGBGB Vorrang gegenüber den nationalen Kollisionsnormen haben.

1. Der **Anwendungsbereich der Rom II-VO** müsste eröffnet sein.

a) In **sachlicher Hinsicht** ist Art. 1 Rom II-VO zu beachten: eine Zivilsache liegt vor, ebenso eine Verbindung zum Recht verschiedener Staaten (vgl. oben I.). Weiterhin muss ein außervertragliches Schuldverhältnis vorliegen. Wie Art. 2 Abs. 1 Rom II-VO und Art. 10 Rom II-VO zeigen, fällt insbesondere das Bereicherungsrecht darunter. Es liegen auch keine Ausnahmen nach Art. 1 Abs. 1 S. 2 Rom II-VO und Art. 1 Abs. 2 Rom II-VO vor.

b) Weiter muss der Anwendungsbereich der **Rom II-VO von der Rom I-VO abgegrenzt** werden. Die Rückabwicklung nichtiger Verträge mittels Leistungskondiktion wird auch durch die Rom I-VO umfasst, vgl. Art. 12 Abs. 1 lit. e Rom I-VO. Diese ist *lex specialis* zur Rom II-VO, vgl. Art. 27 Rom II-VO. Sie umfasst alle Bereicherungsansprüche, die auf einem (vermeintlich wirksamen) Vertrag beruhen. Der Unterhaltsanspruch der §§ 1601 ff. BGB ist allerdings ein gesetzliches Schuldverhältnis. Mithin ist die Rom I-VO nicht einschlägig, sondern der Anwendungsbereich der Rom II-VO eröffnet.

c) In **zeitlicher Hinsicht** ist gem. Art. 31 i.V.m. 32 Rom II-VO zu beachten, dass die Verordnung nur auf schadensbegründende Ereignisse angewandt wird, die nach dem 11. Januar 2009 eingetreten sind. Der Begriff scheint wörtlich nur auf die unerlaubten Handlungen zu passen, bezieht sich tatsächlich aber auch auf die übrigen außervertraglichen Schuldverhältnisse. Er muss auf das Bereicherungsrecht übertragen werden, so dass dasjenige Ereignis maßgebend ist, das die Bereicherung verursacht hat. Die Bereicherung wurde durch die Zahlungen des V verursacht. Diese erfolgten jedoch erst ab Februar 2015. Der zeitliche Anwendungsbereich ist mithin eröffnet.

Folglich ist die Rom II-VO anwendbar.

> ⚒ **Bereicherungsrecht nach der Rom II-VO (Anknüpfungsleiter)**
>
> **1.** Eine Rechtswahl hat Vorrang, Art. 14 Rom II-VO
> Diese kann vor (lit. a) und, wenn die Parteien einer kommerziellen Tätigkeit nachgehen, auch nach der Geschäftsführung vereinbart werden (lit. b)

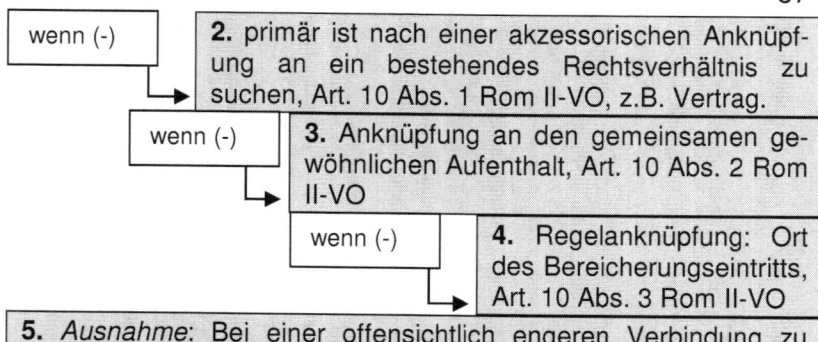

wenn (-)	2. primär ist nach einer akzessorischen Anknüpfung an ein bestehendes Rechtsverhältnis zu suchen, Art. 10 Abs. 1 Rom II-VO, z.B. Vertrag.
	wenn (-)	3. Anknüpfung an den gemeinsamen gewöhnlichen Aufenthalt, Art. 10 Abs. 2 Rom II-VO
		wenn (-)	4. Regelanknüpfung: Ort des Bereicherungseintritts, Art. 10 Abs. 3 Rom II-VO

5. *Ausnahme*: Bei einer offensichtlich engeren Verbindung zu einem anderen Staat verweist die Ausweichklausel des Art. 10 Abs. 4 Rom II-VO auf das Recht dieses Staates.

2. Eine vorrangige **Rechtswahl gem. Art. 14 Rom II-VO** wurde zwischen F und T, vertreten durch E, nicht getroffen.

3. Gem. **Art. 10 Abs. 1 Rom II-VO** ist primär akzessorisch, d.h. an ein bestehendes Rechtsverhältnis, anzuknüpfen. Streng nach dem Wortlaut muss zwischen den Parteien ein Rechtsverhältnis bestehen. Bei solch einem Verständnis liefe die Einbeziehung der „Zahlung auf eine fremde Schuld" allerdings weitgehend leer. Daher ist der verunglückte Wortlaut weit zu interpretieren, so dass die Regelung auch auf ein unwirksames bzw. vermeintliches Rechtsverhältnis Anwendung findet.

V hat die Unterhaltszahlungen an T geleistet, obwohl er dazu mangels Vaterschaft nicht verpflichtet war. Er leistete aufgrund des vermeintlichen Rechtsverhältnisses einer gesetzlichen Unterhaltspflicht des Vaters gegenüber seiner Tochter. Damit liegt ein Fall der Leistungskondiktion vor, so dass Art. 10 Abs. 1 Rom II-VO greift. Entscheidend ist daher das für die vermeintliche Schuld maßgebliche Statut.

Das für die vermeintliche Schuld maßgebliche Statut war das Statut der rückwirkend weggefallenen Unterhaltsschuld des Scheinvaters.

IV. Das Statut von Unterhaltsschulden ergibt sich aus dem HUP. Nach Art. 3 Abs. 1 HUP richtet sich das anzuwendende Recht bezüglich Unterhaltspflichten nach dem gewöhnlichen Aufenthalt

der Unterhaltsberechtigten. Mithin ist deutsches Recht anzuwenden.

Frage 2: Anwendbares Recht bzgl. der Ansprüche der Bank des V gegen E bzw. des V gegen E

I. Ein Sachverhalt mit Auslandsbezug besteht. Internationale Abkommen sind nicht ersichtlich.

II. Abgrenzung der Verordnungen: Die Rückabwicklung nichtiger Verträge mittels Leistungskondiktion wird durch die Rom I-VO umfasst, vgl. Art. 12 Abs. 1 lit.e Rom I-VO. Diese ist *lex specialis* zur Rom II-VO, vgl. Art. 27 Rom II-VO.

---

§ Anwendungsbereich der Rom II-VO bzgl. Bereicherungsrechts

Der Rom II-VO kommt aufgrund des Vorrangs der Rom I-VO nur bei der Eingriffskondiktion und bei der Zahlung im Zusammenhang mit delikts-, unterhalts- bzw. erbrechtlichen Schuldverhältnissen Bedeutung zu.

Beispiel für einen Bereicherungsanspruch im Zusammenhang mit deliktsrechtlichen Schuldverhältnissen: Der deutsche G macht Urlaub in einer Ferienanlage auf einer griechischen Insel. Er fordert vom Engländer S Schadensersatz, da der Hund des S die Schuhe des G zerbissen habe. S bezahlt. Später stellt sich heraus, dass G den Hund verwechselt hat. Tatsächlich war es der Hund des Franzosen D. S fordert sein Geld zurück.

III. Spezielle Regelungen für die klassischen „**Dreiecksfälle**" des Bereicherungsrechts existieren nicht: Maßgeblich ist diejenige Rechtsbeziehung, auf welche aus der Sicht des Leistungsempfängers geleistet wurde.
Beim hier vorliegenden **Anweisungsfall** gilt somit für die Rückforderung des Anweisenden gegen den Zuweisungsempfänger das Recht des Valutaverhältnisses. Aus Sicht der E hat nicht die Bank, sondern V die Leistung erbracht. Die Leistung beruhte auf der vermeintlichen Unterhaltspflicht, die sich, wie bereits geprüft, nach deutschem Recht richtet.

IV. Bei einem **Direktanspruch** des Angewiesenen gegen den Anweisungsempfänger ist hingegen an den Ort des Bereicherungseintritts anzuknüpfen. Die Bereicherung trat bei E in Deutschland ein. Will die Bank des V direkt gegen E vorgehen, gilt mithin deutsches Recht.

? *Wiederholungs- und Vertiefungsfrage*

Wie verhält sich die Rom II-VO zur nationalen Kollisionsnorm des Art. 38 EGBGB?

✔ *Lösung der Wiederholungs- und Vertiefungsfrage*

Art. 38 EGBGB wird – mit der Ausnahme von Eingriffskondiktionen bei Verletzungen von Persönlichkeitsrechten – von der Rom II-VO verdrängt, vgl. Art. 1 Abs. 2 lit. g Rom II-VO.

Fall 11: Der Schiffsfahnder

▶ **Themen:** OLG Düsseldorf, MDR 1983, 132; Geschäftsführung ohne Auftrag, Art. 11 Rom II-VO, gewöhnlicher Aufenthalt, Handlungsort- und Erfolgsort ★

Der deutsche Staatsangehörige Ishmael (I) befasst sich gewerbsmäßig damit, entwendete Schiffe und Wassersportfahrzeuge ausfindig zu machen und den Berechtigten wieder zuzuführen. Seine Niederlassung hat er in Hamburg.

Ahab (A) wurde Ende 2008 in Barcelona seine Yacht gestohlen. Er befindet sich momentan wegen Steuerhinterziehung in einem deutschen Gefängnis, lebt aber normalerweise das ganze Jahr über an der Côte d'Azur. Im Rahmen von Recherchen für einen Kunden stellt I im Sommer 2015 fest, dass sich die Yacht des A in der spanischen Hafenstadt Portovilla befindet. Er lässt diese festsetzen, transportiert sie nach Hamburg und wendet sich nun an A, um Lohn und den Ersatz von Aufwendungen als Finder sowie aus Geschäftsführung ohne Auftrag zu erhalten.

A weigert sich und verweist darauf, dass der Verlust der Yacht ohnehin schon von seiner Versicherung beglichen worden sei.

Welches Recht findet Anwendung?

Anwendung deutschen Rechts?
I. IPR-Sachverhalt: Auslandsbezug
II. Internationale Abkommen: Intern. Übereinkommen über Bergung
III. Rom II-VO
    1. Anwendungsbereich (sachlich, zeitlich)
    2. Rechtswahl, Art. 14 Rom II-VO
    3. Art. 11 Rom II-VO
        a) akzessorische Anknüpfung, Art. 11 Abs. 1 Rom II-VO
        b) gemeinsamer gewöhnlicher Aufenthalt, Art. 11 Abs. 2 Rom II-VO
        c) Ort der Geschäftsführung, Art. 11 Abs. 3 Rom II-VO
        d) keine offensichtlich engere Verbindung, Art. 11 Abs. 4 Rom II-VO

Es könnte deutsches Recht Anwendung finden.

I. I und A sind Deutsche, das Schiff wurde von I aber in Spanien gefunden und dort sichergestellt. Der Sachverhalt weist mithin einen für die **Anwendung des IPR** notwendigen Bezug zum Recht eines anderen Staates auf.

II. Internationale Abkommen, denen ein Vorrang gegenüber den nationalen Kollisionsnormen zukommt, sind zu beachten, vgl. Art. 3 Nr. 2 EGBGB.

In Betracht kommt das **Internationale Übereinkommen über Bergung (IÜB)** v. 28.4.1989. Der sachliche Anwendungsbereich des IÜB umfasst gem. Art. 1 lit. a IÜB alle Bergungsmaßnahmen, d.h. Handlungen, die unternommen werden, um Schiffe, die sich in schiffbaren oder sonstigen Gewässern in Gefahr befinden, Hilfe zu leisten. Das Schiff wurde zwar gestohlen, eine Gefahr, die eine Bergung erfordert, lag damit aber nicht vor. Das IÜB findet keine Anwendung.

III. Die **Rom II-VO** könnte einschlägig sein und insoweit gem. Art. 3 Nr. 1 b) EGBGB Vorrang gegenüber den nationalen Kollisionsnormen haben.

1. Der **Anwendungsbereich der Rom II-VO** müsste eröffnet sein.

a) Der **sachliche Anwendungsbereich** bestimmt sich nach Art. 1 Rom II-VO: Eine Zivilsache liegt vor, ebenso eine Verbindung zum Recht verschiedener Staaten (vgl. oben I.). Weiterhin muss ein **außervertragliches Schuldverhältnis** vorliegen. Wie Art. 2 Abs. 1 Rom II-VO und Art. 11 Rom II-VO zeigen, fällt insbesondere die Geschäftsführung ohne Auftrag darunter. Eine solche könnte I für A geführt haben.

Das Fundrecht enthält sachenrechtliche und schuldrechtliche Elemente. Der sachenrechtliche Bereich betrifft etwa Fragen des Eigentumserwerbs des Finders. Diesbezüglich gilt das Recht des *Fundorts.* Wegen des inneren und oft kaum trennbaren Zusammenhangs der schuldrechtlichen und sachenrechtlichen Vorschriften einer Rechtsordnung über den Fund könnten auch die schuldrechtlichen Fragen an den *Belegenheitsort* der Fundsache angeknüpft werden.

Spielen aber, wie hier, sachenrechtliche Fragen des Funds keine Rolle, erscheint eine Behandlung wie bei anderen gesetzlichen Schuldverhältnissen, hier der G.o.A. für angemessen. Die Anknüpfungsleiter der G.o.A. sollte deshalb auch hier Anwendung finden.

b) Der **zeitliche Anwendungsbereich** wird durch Art. 31 i.V.m. Art. 32 Rom II-VO festgelegt. Demnach muss das schadensbegründende Ereignis nach dem Inkrafttreten der Rom II-VO am 11. Januar 2009 eingetreten sein. Der Begriff passt zwar wörtlich nur auf die unerlaubten Handlungen, bezieht sich aber tatsächlich auch auf die übrigen außervertraglichen Schuldverhältnisse. Er muss auf die Geschäftsführung ohne Auftrag übertragen werden, so dass der Zeitpunkt der Geschäftsführung maßgeblich ist. Gemeint ist daher nicht der Zeitpunkt des Verlusts des Schiffes (Ende 2008), sondern der Zeitpunkt der Geschäftsführung durch I. Diese erfolgte im Sommer 2015, somit nach Inkrafttreten der Rom II-VO. Der zeitliche Anwendungsbereich ist eröffnet.

c) Letztlich liegen auch keine Ausnahmen nach Art. 1 Abs. 1 S. 2 Rom II-VO und Art. 1 Abs. 2 Rom II-VO vor. Mithin ist der Anwendungsbereich der Rom II-VO eröffnet.

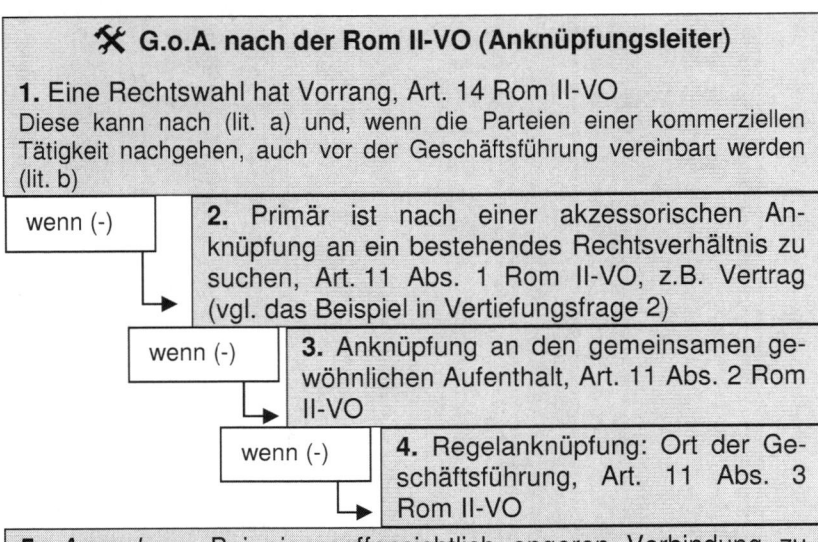

⚒ G.o.A. nach der Rom II-VO (Anknüpfungsleiter)

1. Eine Rechtswahl hat Vorrang, Art. 14 Rom II-VO
Diese kann nach (lit. a) und, wenn die Parteien einer kommerziellen Tätigkeit nachgehen, auch vor der Geschäftsführung vereinbart werden (lit. b)

wenn (-)

2. Primär ist nach einer akzessorischen Anknüpfung an ein bestehendes Rechtsverhältnis zu suchen, Art. 11 Abs. 1 Rom II-VO, z.B. Vertrag (vgl. das Beispiel in Vertiefungsfrage 2)

wenn (-)

3. Anknüpfung an den gemeinsamen gewöhnlichen Aufenthalt, Art. 11 Abs. 2 Rom II-VO

wenn (-)

4. Regelanknüpfung: Ort der Geschäftsführung, Art. 11 Abs. 3 Rom II-VO

5. *Ausnahme:* Bei einer offensichtlich engeren Verbindung zu einem anderen Staat verweist die Ausweichklausel des Art. 11 Abs. IV Rom II-VO auf das Recht dieses Staates.

2. Zunächst hat eine Rechtswahl zwischen den Parteien Vorrang vor den Regeln zur G.o.A., Art. 14 Rom II-VO. A und I haben aber weder im Vorhinein (lit. b) noch im Nachhinein (lit. a) eine Rechtswahl getroffen.

3. Das anzuwendende Recht bestimmt sich daher nach der Anknüpfungsleiter des Art. 11 Rom II-VO:

a) Zunächst ist nach einer akzessorischen Anknüpfung an ein bestehendes Rechtsverhältnis zu suchen, vgl. Art. 11 Abs. 1 Rom II-VO. Ein Vertrag, eine deliktische Handlung oder sonst ein Schuldverhältnis besteht zwischen den Parteien allerdings nicht.

b) Daher erfolgt die Anknüpfung gem. Art. 11 Abs. 2 Rom II-VO nach dem **gemeinsamen gewöhnlichen Aufenthalt**.

aa) Gewöhnlicher Aufenthalt meint bei natürlichen Personen, die in Ausübung ihrer beruflichen Tätigkeit handeln, gem. Art. 23 Abs. 2 Rom II-VO den Ort ihrer Hauptniederlassung. Die Niederlassung des I liegt in Deutschland.

bb) A ist eine natürliche Person, die nicht in beruflicher Tätigkeit handelt. Somit kann Art. 23 Abs. 2 Rom II-VO nicht zur Auslegung des Begriffs des „gewöhnlichen Aufenthalts" herangezogen werden. Dies führt aber nicht zu einem Rückgriff auf das jeweilige nationale Kollisionsrecht. Vielmehr ist ein verordnungsautonomer Begriff des „gewöhnlichen Aufenthalts" der Rom II-VO durch die Rechtsprechung zu entwickeln.

Der gewöhnliche Aufenthalt weist folgende Voraussetzungen auf: **Objektiv** muss der Betreffende seinen Lebensmittelpunkt am Aufenthaltsort haben und dort sozial integriert sein bzw. dies anstreben. **Subjektiv** muss der Betreffende den Willen haben, an diesem Aufenthaltsort länger zu bleiben.

(1) Eine natürliche Person hat ihren gewöhnlichen Aufenthalt in dem Staat, in dem der Schwerpunkt ihrer Lebensverhältnisse, ihr Daseinsmittelpunkt, liegt. Ein schlichter Aufenthalt wird zu einem gewöhnlichen Aufenthalt durch die tatsächliche Dauer oder durch die voraussichtliche Dauer. In der Regel wird ein gewöhnlicher Aufenthalt nach sechsmonatiger Anwesenheit vermutet, was aber auch widerlegt werden kann.

Aufenthaltsdauer und Aufenthaltswille sind gewichtige Indizien für eine soziale Integration.

Der Lebensmittelpunkt des A ist das Gefängnis in Deutschland. Der Aufenthalt dort dürfte allerdings kaum freiwillig sein, so dass es an der subjektiven Komponente, nämlich dem Willen, an dem Aufenthaltsort länger zu bleiben, zur Bestimmung eines gewöhnlichen Aufenthalts fehlt.

(2) Wird der „gewöhnliche Aufenthalt" des A im Gefängnis in Deutschland bejaht, so findet deutsches Recht gem. Art. 11 Abs. 2 Rom II-VO Anwendung. Wird der „gewöhnliche Aufenthalt" dagegen nicht in Deutschland, sondern an der Côte d'Azur erblickt, so greift Art. 11 Abs. 2 Rom II-VO nicht. In diesem Fall gilt eine Regelanknüpfung gem. Art. 11 Abs. 3 Rom II-VO.

Fraglich ist, welche Rolle der Wille für die Bejahung des Begriffes „gewöhnlicher Aufenthalt" spielt.

Bei der Auslegung des Begriffs ist zu beachten, dass hier nicht das Personalstatut einer Person zu bestimmen, sondern vielmehr die engste Verbindung für ein außervertragliches Schuldverhältnis zu ermitteln ist. Dafür kann man sich an dem aus den tatsächlichen Verhältnissen ersichtlichen Lebensmittelpunkt der Vertragspartei orientieren. Dies dient der Rechtssicherheit.

Hat eine Person aber umgekehrt ihren natürlichen Willen gegen einen Ort als Lebensmittelpunkt kundgetan, so ist das ein Indiz gegen den gewöhnlichen Aufenthalt. Dem steht es gleich, wenn sie gegen ihren erkennbaren natürlichen Willen an einem Ort verwahrt oder festgehalten wird, wie es bei der Strafhaft der Fall ist.

Mithin erfüllt der Gefängnisaufenthalt mangels subjektiver Komponente nicht den Begriff des „gewöhnlichen Aufenthalts" *(aA vertretbar)*. Der gewöhnliche Aufenthalt des A bleibt somit Frankreich, so dass von einem „gemeinsamen Aufenthalt" von A und I i.S.d. Art. 11 Abs. 2 Rom II-VO nicht gesprochen werden kann.

c) Gem. **Art. 11 Abs. 3 Rom II-VO** findet eine **Regelanknüpfung** an den Ort der Geschäftsführung statt.

Fraglich ist, wo der **Ort der Geschäftsführung** liegt. Die Sicherstellung erfolgte in Spanien. Dort liegt der Handlungsort. I fuhr das Schiff aber von Spanien bis nach Hamburg, um es dem A zu übergeben. Der Erfolgsort liegt mithin in Deutschland.

aa) Zwei Kollisionsrechte können nicht angewendet werden. Eine alternative Anknüpfung ist nicht interessengerecht, da es zur unterschiedlichen Behandlung wechselseitiger Ansprüche führen könnte. Das Günstigkeitsprinzip gilt somit nicht, vielmehr muss ein Interessenausgleich der Beteiligten stattfinden.

bb) Die wohl h.M. stellt auf den **Erfolgsort** ab und begründet dies mit dem Schutz des Geschäftsherrn; schließlich könne der Handlungsort allein vom Geschäftsführer bestimmt werden. Dies mag in zahlreichen Fällen so sein, überzeugt in der vorliegenden Fallkonstellation dagegen nicht. Der **Handlungsort** wird hier durch den Belegenheitsort des Schiffes festgelegt.

cc) Vielmehr kann der Ort der Beendigung von der Willkür des Geschäftsführers abhängen, der Ort des Beginns der G.o.A. dagegen nicht. Letzterer sollte daher für eine Anknüpfung zugrunde gelegt werden. Auf diese Weise wird auch ein Gleichklang mit dem Internationalen Sachenrecht erzielt, das auf die *lex rei sitae* verweist.

Ort der Geschäftsführung ist mithin Spanien, so dass spanisches Recht Anwendung findet.

d) Letztlich dürfte nicht die **Ausnahmeregelung** des **Art. 11 Abs. 4 Rom II-VO** eingreifen. Die Regelung verweist auf denjenigen Staat, zu dem die G.o.A. eine **offensichtlich engere Verbindung** aufweist. Eine solche offensichtlich engere Verbindung ist jedoch nicht ersichtlich. Ein gemeinsames Personalstatut liegt nicht vor, der alleinige Aufenthalt des A im deutschen Gefängnis vermag ein solches nicht zu begründen.

Ergebnis: Spanisches Recht findet somit Anwendung. Einschlägig sind insbesondere die Art. 1893 ff. span. Código civil.

96

? *Wiederholungs- und Vertiefungsfragen*

1. Nennen Sie ein Beispiel, das die akzessorische Anknüpfung der G.o.A. an ein bestehendes Rechtsverhältnis i.S.d. Art. 11 Abs. 1 Rom II-VO verdeutlicht!

2. Ein weiterer typischer Fall der G.o.A. ist die Zahlung fremder Schulden. Wie erfolgt hier die Anknüpfung?

✔ *Lösungen der Wiederholungs- und Vertiefungsfragen*

1. Beispiel zur **akzessorischen Anknüpfung der G.o.A.** an ein bestehendes Vertragsverhältnis i.S.d. **Art. 11 Abs. 1 Rom II-VO**: A ist Eigentümer eines Ferienhauses in einer Ferienanlage in Spanien. Die Grünflächen der Anlage um den gemeinsamen Pool werden von Gärtner G gepflegt. Die Pflege des eigenen Gartens obliegt dagegen den einzelnen Eigentümern. Eine Palme im Garten des A droht umzustürzen. G versucht den A vergeblich zu erreichen und fällt dann die Palme. Der Zusammenhang zwischen G.o.A. und dem zwischen A und G bestehenden Vertrag ist so eng, dass sich auch die Ansprüche aus G.o.A. nach dem Vertragsstatut beurteilen.

2. Die Anknüpfung bei **Zahlung fremder Schulden** ist umstritten: Die Tilgung fremder Schulden könnte nach **Art. 11 Abs. 1 Rom II-VO** akzessorisch an das Statut der Verbindlichkeit angeknüpft werden. Zweifel ergeben sich aber insoweit, als dass nicht wie gefordert an ein Rechtsverhältnis zwischen Geschäftsführer und Geschäftsherrn, sondern nur an ein Rechtsverhältnis zwischen dem Geschäftsherrn als Schuldner mit einem Dritten angeknüpft werden kann.

Fehlt es auch an einem gemeinsamen gewöhnlichen Aufenthalt der beiden GoA-Beteiligten in ein und demselben Staat i.S.d. Art. 11 Abs. 2 Rom II-VO, ist nach Art. 11 Abs. 3 Rom II-VO eigentlich „geschäftsführerfreundlich" an den Vornahmeort anzuknüpfen.

Der sachliche Zusammenhang mit der Schuld (Tilgungswirkung) gebietet für die wohl h.M. dennoch eine einheitliche Anknüpfung, die notfalls über die Ausweichklausel des **Art. 11 Abs. 4 Rom II-VO** erreicht werden muss.

Fall 12: Schweizer Münzen

▶**Themen:** BGH NJW 1987, S. 3077; gutgläubiger Erwerb, *lex rei sitae* ★

Die in Köln wohnhafte Hilde (H) handelt mit Münzen. Bei einer Urlaubsreise nach Zürich erwirbt sie dort von einem gewerblichen Händler eine seltene Goldmünze zum Preis von 10.000 SFR. Nach ihrer Rückkehr in die Heimat veräußert und übergibt sie die Münze für 15.000 € an Xaver (X). Als dieser die Münze in einer Ausstellung präsentiert, stellt sich heraus, dass sie aus der Münzsammlung des Samuel (S) stammt, dem sie vor 2 Jahren gestohlen worden war. S verlangt nun vor einem deutschen Gericht die Herausgabe der Münze nach § 985 BGB. X wendet ein, das könne nicht richtig sein: Zum einen habe er die Münze rechtmäßig erworben und sei daher der Eigentümer, zum anderen habe er zumindest ein Ablösungsrecht nach dem Recht der Schweiz. Allerdings ist auch er sich nicht sicher, ob dieses Recht sich dann auf 10.000 SFR oder 15.000 € belaufen würde. S will von allen ihm seltsam anmutenden Ablösungsrechten nichts wissen und beharrt auf seinem Herausgabeanspruch.

Zu Recht?

Art. 714 schweiz. ZGB

(1) Zur Übertragung des Fahrniseigentums bedarf es des Überganges des Besitzes auf den Erwerber.

(2) Wer in gutem Glauben eine bewegliche Sache zu Eigentum übertragen erhält, wird, auch wenn der Veräußerer zur Eigentumsübertragung nicht befugt ist, deren Eigentümer, sobald er nach den Besitzregeln im Besitze der Sache geschützt ist.

Art. 934 schweiz. ZGB

(1) Der Besitzer, dem eine bewegliche Sache gestohlen wird oder verloren geht oder sonst wider seinen Willen abhanden kommt, kann sie während fünf Jahren jedem Empfänger abfordern.

(1bis) Das Rückforderungsrecht für Kulturgüter im Sinne von Artikel 2 Absatz 1 des Kulturgütertransfergesetzes vom 20. Juni *2003, die gegen* den Willen des Eigentümers abhanden gekommen sind, verjährt ein Jahr, nachdem der Eigentümer Kenntnis erlangt hat, wo und bei wem sich das

98

Kulturgut befindet, spätestens jedoch 30 Jahre nach dem Abhandenkommen.

(2) Ist die Sache öffentlich versteigert oder auf dem Markt oder durch einen Kaufmann, der mit Waren der gleichen Art handelt, übertragen worden, so kann sie dem ersten und jedem späteren gutgläubigen Empfänger nur gegen Vergütung des von ihm bezahlten Preises abgefordert werden.

(Hinweis: Das Lösungsrecht des Art. 934 Abs. 2 schweiz. ZGB begründet nur ein Recht zum Besitz i.S.d. § 986 BGB)

Art. 935 schweiz. ZGB
Geld und Inhaberpapiere können, auch wenn sie dem Besitzer gegen seinen Willen abhanden gekommen sind, dem gutgläubigen Empfänger nicht abgefordert werden.

Anspruch des S gegen X aus § 985
I. Sachverhalt mit Auslandsberührung nach Art. 3 a.E. EGBGB
II. Anwendbarkeit materiellen Einheitsrechts?
III. Anwendbarkeit internationaler kollisionsrechtlicher Abkommen?
IV. Bestimmung des maßgeblichen IPR
V. Bestimmung der maßgeblichen Kollisionsnorm
VI. Anwendung der maßgeblichen Kollisionsnorm
   und des maßgeblichen Sachrechts
   1. Gutgläubiger Erwerb durch H?
   2. Statutenwechsel und gutgläubiger Erwerb des X
   3. Recht zum Besitz nach Art. 934 Abs. 2 schweiz. ZGB?
      a) Ablösungsrecht beim Kauf der H?
      b) Erlöschen des Ablösungsrechts beim Kauf des X?
      c) Eigenes Ablösungsrecht des X?
VII. Ergebnis

S könnte gegen X einen Anspruch aus § 985 BGB auf Herausgabe der Münze haben.

Dazu müsste S Eigentümer der Münze sein und X dürfte auch kein Recht zum Besitz haben.

Ursprünglich war S Eigentümer der Münze. Dieses Eigentum könnte er allerdings durch den Erwerb der Münze durch H verloren haben. In Betracht kommt hier ebenfalls ein Eigentumserwerb des

X. Sind weder H noch X Eigentümer der Münze, so könnte X jedoch ein Recht zum Besitz aufgrund des schweizerischen Ablösungsrechts nach Art. 934 Abs. 2 schweiz. ZGB zustehen.

Zu prüfen ist deshalb zunächst, nach welchem Recht der vorliegende Sachverhalt zu beurteilen ist. Dies könnte sich nach dem EGBGB bestimmen.

I. Zur Anwendung des EGBGB müsste zunächst ein Fall mit **Auslandsberührung nach Art. 3 a.E. EGBGB** vorliegen.

II. Vereinheitlichtes Sachrecht ist nicht anwendbar.

III. Vorrangige anwendbare Staatsverträge nach Art. 3 EGBGB sind nicht gegeben.

Achtung! Im Sachenrecht gibt es eine Reihe von internationalen Regelungen; insbesondere für das Insolvenzverfahren, Kulturgüter, Schiffe und Luftfahrzeuge.

IV. Zu prüfen ist weiterhin, welches **Kollisionsrecht** auf die Ansprüche des S **anwendbar** ist.

Das anwendbare einzelstaatliche IPR bestimmt sich, soweit bereits eine Klage anhängig ist, nach den Regeln des Staates, in dem sich das Gericht befindet, der sog. *lex fori*.

Da S seinen Anspruch auf Herausgabe der Münzen vor einem deutschen Gericht geltend macht, ist somit deutsches Kollisionsrecht heranzuziehen.

V. Bestimmung der maßgeblichen Kollisionsnorm

Fraglich ist, nach welcher Kollisionsnorm das auf den Anspruch des S anwendbare Recht zu bestimmen ist.

Der Sachverhalt hat den Erwerb von Eigentum an einer beweglichen Sache und deren Belastungen zum Gegenstand. Dementsprechend ist hier **Art. 43 Abs. 1 EGBGB** einschlägig.
Eine Anwendung des **Art. 46 EGBGB** aufgrund einer wesentlich engeren Verbindung, etwa aufgrund der Herkunft der Münzen aus Deutschland, kommt hier nicht in Betracht. Art. 46 EGBGB soll nur

dann eingreifen, wenn die Anknüpfung nach Art. 43-45 EGBGB zu
extrem sachfremden Ergebnissen führen würde.

VI. Anwendung der Kollisionsnorm und des maßgeblichen Sachrechts

Nach Art. 43 Abs. 1 EGBGB gilt das jeweilige **Belegenheitsrecht**,
die *lex rei sitae*.

1. Als H die Münze erwarb, befand sie sich in der Schweiz.
Dementsprechend ist auf diesen Erwerbsvorgang schweizerisches
Recht anwendbar. Da das schweizerische Kollisionsrecht sachen-
rechtliche Vorgänge ebenfalls an den jeweiligen **Lageort der
Sache** anknüpft, nimmt es die Verweisung des deutschen Rechts,
nach Art. 4 Abs. 1 S. 1 EGBGB, an.

Zwar ist nach Art. 714 Abs. 2 schweiz. ZGB ein gutgläubiger
Erwerb grundsätzlich möglich, doch hat nach Art. 934 Abs. 1
schweiz. ZGB der gutgläubige Erwerber einer gestohlenen Sache
die Pflicht zur Herausgabe an den Eigentümer. Dementsprechend
kann sich X nicht auf den gutgläubigen Erwerb der H berufen.

2. Da Art. 43 Abs. 1 EGBGB eine wandelbare Anknüpfung
(Anknüpfung an ein Anknüpfungsmerkmal, wie es im jeweiligen
Zeitpunkt der Beurteilung besteht) enthält, tritt durch die Verbringung der Münze nach Deutschland ein sog. Statutenwechsel
ein (→ siehe Fall 13 *„Ferrari inkl. Hypothek"*).

Folgerichtig beurteilt sich der Erwerb des X von H nach deutschem
Recht.

Der Erwerbstatbestand des **§ 929 S. 1 BGB** liegt hier mit
Ausnahme der Berechtigung der H zur Verfügung vor.

Die fehlende Berechtigung der H könnte aber nach **§ 932 Abs. 2
BGB** durch die Gutgläubigkeit des X ersetzt werden.

X war gutgläubig, so dass § 932 Abs. 2 BGB eingreifen könnte.
Allerdings könnte der gutgläubige Erwerb nach **§ 935 Abs. 1 BGB**
ausgeschlossen sein. Dies ist nach § 935 Abs. 1 S. 1 BGB dann
der Fall, wenn die fragliche Sache dem Eigentümer, wie hier im
Sachverhalt, gestohlen worden ist.

Allerdings könnte auch § 935 Abs. 1 BGB unanwendbar sein, wenn es sich um einen in **§ 935 Abs. 2 BGB** benannten Gegenstand handelt.

In Betracht kommt hier ein Ausschluss, da es sich bei der Münze um Geld i.S.d. § 935 Abs. 2 BGB handeln könnte.

Als Geld i.S.d. § 935 Abs. 2 BGB gelten hingegen nur sich im Umlauf befindende **staatlich anerkannte gesetzliche Zahlungsmittel**, nicht hingegen Sammlermünzen, da für sie kein besonders gesteigertes Schutzinteresse besteht.

Mithin ist ein gutgläubiger Erwerb des X nach §§ 929 S.1, 932 Abs. 2 BGB durch § 935 Abs. 1 BGB ausgeschlossen.

S ist damit noch Eigentümer der Münze.

3. Jedoch könnte hier noch ein Besitzrecht in der Form eines **Ablösungsrechts nach Art. 934 Abs. 2 schweiz. ZGB** bestehen.

a) Zunächst könnte ein solches Ablösungsrecht beim Kauf der H entstanden sein.

Da dieser Erwerbsvorgang in der Schweiz erfolgte und das Lösungsrecht nach h.M. sachenrechtlich qualifiziert wird, ist auch hier nach Art. 43 Abs. 1 EGBGB schweizerisches Recht anzuwenden.

Aufgrund der Tatsache, dass H die Münze von einem Kaufmann i.S.d. Art. 934 Abs. 2 schweiz. ZGB erworben hat, ist bei diesem Erwerbsvorgang ein Ablösungsrecht i.H.v. 10.000 SFR entstanden.

b) Das **Ablösungsrecht** als Recht zum Besitz besteht zwar nach schweizerischem Recht grundsätzlich für jeden nachfolgenden Besitzer weiter, es ist aber zu prüfen, ob dies auch hier gilt.
Ob und in welchem Umfang ein Lösungsrecht im Rahmen der Vindikationslage weiter besteht, bestimmt sich nach dem Belegenheitsrecht.

102

Allein durch den Statutenwechsel geht das Lösungsrecht nicht unter. Allerdings könnte es durch den Erwerbsvorgang des X von H in Deutschland erloschen sein.

Nach **e.A.** geht das Lösungsrecht auf den Erwerber über. Dafür spricht der Vergleich mit der Reallast, die als wohlerworbenes Recht Bestand hätte.

---

§ **Wohlerworbene Rechte**

Die Anknüpfung gemäß Art. 43 Abs. 1 EGBGB an den Belegenheitsort stellt bei Mobilien oftmals nur eine Momentaufnahme dar, da eine Verbringung in andere Rechtsordnungen ohne Weiteres möglich ist. Damit die Verweisung aber nicht vollkommen sinnlos wird, werden nach der ursprünglichen *lex rei sitae* erworbene Rechte auch in anderen Staaten als sog. wohlerworbene Rechte geschützt.

Eine Korrektur ist hingegen dann möglich, wenn das Recht gegen den inländischen *ordre public* verstößt (etwa bei Enteignungen) oder vollkommen im Widerspruch zum Sachenrecht des gegenwärtigen Belegenheitsorts steht (wie z.B. der Trust nach englischem Recht nicht mit dem *numerus clausus* des deutschen Sachenrechts vereinbar ist) → vgl. Fall 13 „*Ferrari inkl. Hypothek*".

Dagegen spricht jedoch, dass das Lösungsrecht bei jedem Erwerbsvorgang, unter der Berücksichtigung des neuen Kaufpreises, neu entsteht.

Nach **h.M.** erlischt das **Lösungsrecht**. Der Ersterwerber verliert es, da es an den Besitz geknüpft ist, den er nicht mehr ausübt. Der Zweiterwerber kann es dagegen nicht erwerben, da sich nunmehr die sachenrechtlichen Wirkungen der Veräußerung nach deutschem Recht bestimmen und nunmehr § 935 Abs. 1 BGB gilt und nicht mehr Art. 934 Abs. 2 schweiz. ZGB.

Hierfür spricht vor allem die Regelung des **Art. 43 Abs. 2 EGBGB**, die die Wirkungen von im Ausland erworbenen Rechten erheblich einschränkt.

Dementsprechend ist das ursprünglich bestehende Lösungsrecht mit dem Veräußerungsvorgang der H an X erloschen.

c) Ein **eigenes neues Lösungsrecht** i.H.v. 15.000 € ist dabei nicht entstanden, da der Vorgang ausschließlich nach den §§ 929 ff. BGB und nicht nach Art. 934 Abs. 2 schweiz. ZGB zu beurteilen ist.

Mithin hat X auch kein Recht zum Besitz.

VIII. Ergebnis

S ist damit Eigentümer der Münze. X ist ihr Besitzer und hat kein Recht zum Besitz, weder in Form eines Lösungsrechts i.H.v. 10.000 SFR noch i.H.v. 15.000 €.

Folglich kann S von X die Herausgabe der Münze nach § 985 BGB verlangen.

Fall 13: Ferrari inkl. Hypothek

▶ **Themen:** BGH, NJW 1991, 1415; Internationales Sachenrecht, Transposition, gutgläubiger Erwerb, Stellvertretung ★★

Der Italiener Giuseppe (G) erfüllte sich im Jahr 2012 einen langersehnten Traum. Er kaufte sich einen neuen Ferrari 360 Spider im Wert von 150.000 €. Der Sportwagen wurde in das öffentliche Register in Italien eingetragen.

Um den Kaufpreis finanzieren zu können, nahm er beim Italiener Vito (V) ein Darlehen i.H.v. 110.000 € auf, das er mit einer sog. Autohypothek sicherte. Diese wurde in das *„foglio complementare"* der *„carta circolazione"* (Zusatzblatt der Zulassungsbescheinigung) eingetragen.

Als G 2015 in Geldnöte kam, fuhr er den Ferrari nach Deutschland. Auf dem Frankfurter Messegelände verkaufte er während der Internationalen Automobilausstellung den Wagen an die Deutsche, Brigitte (B), für 90.000 €.

Die Verkaufsverhandlungen führte der Verwandte Antonio (A) für den G. B beauftragte die X-GmbH mit den Einfuhr- und Zulassungsformalitäten, da B selbst keine Erfahrungen in der Abwicklung der Formalitäten eines Autokaufs hatte und auch des Italienischen nicht mächtig war. Die X-GmbH ließ sich die *„carta circolazione"* vorlegen, erledigte die Formalitäten und übergab der B den Sportwagen mit deutscher Zulassung.

Nachdem V von G seit geraumer Zeit keine Darlehensrückzahlungen mehr erhalten hat, verlangt er von B aus seinem Hypothekenrecht die Herausgabe des Ferraris mit dem Ziel, diesen zu verwerten und seine Forderungen aus dem Verkaufserlös zu befriedigen.

Zu Recht?

Art. 51 Abs. 1 ital. IPRG (Besitz und dingliche Rechte)
„Der Besitz, das Eigentum und die übrigen dinglichen Rechte an beweglichen und unbeweglichen Sachen unterliegen dem Recht des Staates, in dem die Sachen belegen sind."

Anspruch des V gegen B auf Herausgabe des Ferraris

I. IPR-Sachverhalt: Auslandsbezug
II. vorrangige internationale Abkommen
III. Herausgabeanspruch
  1. Art. 43 I EGBGB – *lex rei sitae*
  2. Art. 45 EGBGB
  3. Art. 46 EGBGB
IV. § 985 BGB
  1. B = Besitzerin
  2. V = Eigentümer?
V. §§ 985, 1227 BGB
  V = Pfandrechtsinhaber?
  1. Autohypothek als dem deutschen Recht unbekanntes Institut
  2. Art. 43 II EGBGB - Äquivalent im deutsche Recht?
   a) Pfandrecht?
   b) Sicherungsübereignung
  → V steht ein Verwertungsrecht analog § 985 BGB zu
VI. Recht am Ferrari durch gutgläubigen Erwerb der B verloren,
  §§ 929, 936 BGB
  1. Stellvertretung im IPR
  2. Gutgläubigkeit der X-GmbH?
→ Anspruch des V auf Herausgabe analog § 985 BGB

Anspruch des V gegen die B auf Herausgabe des Ferraris

Zunächst ist das anwendbare Recht zu bestimmen.

I. Der Hypothekar V ist Italiener, die Besitzerin des Ferraris B ist Deutsche und der Ferrari befindet sich in Deutschland. Der Sachverhalt weist mithin einen für die **Anwendung des IPR** notwendigen Bezug zum Recht eines anderen Staates auf.

II. Internationale Abkommen, denen ein Vorrang gegenüber den nationalen Kollisionsnormen gem. Art. 3 Nr. 2 EGBGB zukommt, sind nicht ersichtlich.

III. Das **autonome Kollisionsrecht des EGBGB** ist mithin einschlägig. Der Herausgabeanspruch ist sachenrechtlich zu qualifizieren.

1. Grundsätzlich gilt gem. **Art. 43 Abs. 1 EGBGB** die *lex rei sitae*, das Recht des Belegenheitsortes.

2. Art. 45 EGBGB (Transportmittel) bezieht sich nicht auf Kraftfahrzeuge.

3. Auch eine wesentlich engere Verbindung, nach der gem. Art. 46 EGBGB das Recht eines anderen Staates maßgebend wäre, ist nicht zwingend ersichtlich.

Mithin bleibt es beim Grundsatz der *lex rei sitae* gem. Art. 43 Abs. 1 EGBGB. Der Ferrari befindet sich in Deutschland, so dass sich der Herausgabeanspruch nach deutschem Recht richtet.

IV. Ein Herausgabeanspruch des V könnte sich aus **§ 985 BGB** ergeben.

1. B ist jedenfalls Besitzerin des Autos, § 854 Abs. 1 BGB.

2. V müsste Eigentümer oder Pfandrechtsinhaber sein:

a) Mit Eintragung im öffentlichen Register in Italien hat G Eigentum am Ferrari erworben.

b) V könnte durch die Hypothekenbestellung Eigentum erworben haben.

aa) Fraglich ist, wie eine Hypothekenbestellung zu qualifizieren ist: Die Hypothek könnte schuldrechtlich zu qualifizieren sein. Als akzessorisches Sicherungsmittel hängt sie schließlich an einer Forderung.

Allerdings wirkt eine Hypothek *erga omnes*, nicht nur *inter partes*. Unter Berücksichtigung dieser für das Sachenrecht typischen Wirkung, erscheint eine sachenrechtliche Qualifikation gem. Art. 43 Abs. 1 EGBGB angebracht.

bb) Zum Zeitpunkt der Hypothekenbestellung befand sich der Ferrari in Italien, so dass italienisches Recht einschlägig ist. Es findet eine Gesamtverweisung nach Art. 4 Abs. 1 S. 1 EGBGB statt, die von Art. 51 Abs. 1 ital. IPRG angenommen wird, da nach

dieser Norm auch die *lex rei sitae* gilt. Folglich ist italienisches Sachenrecht maßgeblich.

cc) Auch nach italienischem Recht begründet eine Hypothek lediglich ein Verwertungsrecht. V ist daher kein Eigentümer geworden.

V ist kein Eigentümer geworden, so dass ihm kein Herausgabeanspruch gem. § 985 BGB zusteht.

V. V könnte aber Pfandrechtsinhaber sein und als solcher gem. **§§ 985, 1227 BGB** einen Herausgabeanspruch innehaben.

1. Eine Hypothek an beweglichen Sachen ist dem deutschen Recht fremd. Die §§ 1113 ff. BGB beziehen sich allein auf Immobilien. Daher ist fraglich, welche Folgen der Statutenwechsel (durch Transport des Autos von Italien nach Deutschland) für die italienische Autohypothek hat.

---

§ **Meinungsstreit zur alten Rechtslage**

e.A.: *Hinnahmetheorie:* Der numerus clausus im Sachenrecht tritt hinter dem Schutz wohlerworbener Rechte im Ausland zurück. Die Autohypothek bleibt bestehen.
arg. (-) Rechtssicherheit beeinträchtigt, Verstoß gegen den internationalen Grundsatz der *lex rei sitae.*

a.A.: *Erlöschen der Autohypothek:* die Autohypothek ist dem deutschen Recht unbekannt und stellt einen Widerspruch zum numerus clausus des deutschen Sachenrechts dar. Sowohl das materielle deutsche Recht als auch der ordre public führen zum Erlöschen der Autohypothek
arg. (-) zwar kennt das deutsche Recht keine Autohypothek, wohl aber die Sicherungsübereignung, die als besitzloses Pfandrecht von der Funktion her der Autohypothek gleicht. Eine völlige Unvereinbarkeit mit dem deutschen numerus clausus des Sachenrechts ist demnach nicht stichhaltig.

h.M.: *Transpositionslehre:* das ausländische Rechtsinstitut wird in ein funktionsäquivalentes dingliches Recht des neuen Statuts umgewandelt.

Nach der IPR-Reform von 1999 regelt **Art. 43 Abs. 2 EGBGB** den Fall des **schlichten Statutenwechsels**. Er bestimmt, dass Rechte, die an einer Sache begründet sind, die in einen anderen Staat gelangt, nicht im Widerspruch zu der Rechtsordnung dieses Staates ausgeübt werden dürfen. Dadurch werden die rechtlichen Wirkungen eines ausländischen Instituts lediglich durch das Recht des neuen Statuts begrenzt. Eine Umwandlung (Transposition) ist nicht erforderlich.

2. Ein Widerspruch der italienischen Autohypothek zum deutschen Sachrecht besteht dann nicht, wenn sich im deutschen Sachrecht mögliche Äquivalente finden lassen:

a) Das deutsche **Pfandrecht** weist zur italienischen Autohypothek Ähnlichkeit dahingehend auf, dass beide ein Verwertungsrecht geben. Das deutsche Pfandrecht ist allerdings ein sog. Faustpfandrecht, d.h. es ist gem. § 1253 BGB an den Besitz gebunden, die italienische Autohypothek ist demgegenüber ein besitzloses Pfandrecht. Die Unterschiede sind zu groß, um von einem Äquivalent sprechen zu können.

b) Doch auch das deutsche Recht kennt mit der **Sicherungsübereignung** ein besitzloses Pfandrecht. Bei Eintritt des Sicherungsfalls kann der Sicherungsnehmer die Herausgabe des Sicherungsguts vom Sicherungsgeber verlangen. Insoweit besteht ein Funktionsäquivalent zur italienischen Autohypothek. Die Autohypothek ist daher auch nach deutschem Recht wirksam i.S.d. Art. 43 Abs. 2 EGBGB.

Zwischenergebnis: V steht kein Herausgabeanspruch aus einem Pfandrecht gem. §§ 985, 1227 BGB zu. Ihm stand aber als Sicherungsnehmer ein Anspruch auf ein Verwertungsrecht **analog § 985 BGB** zu.

VI. Dieses Verwertungsrecht könnte er jedoch durch lastenfreien Eigentumserwerb der B verloren haben.

1. Bezüglich des lastenfreien Erwerbs gilt gem. Art. 43 Abs. 1 EGBGB die *lex rei sitae*, also deutsches Recht.

2. Nach den §§ 929, 936 BGB könnte B lastenfreies Eigentum erworben haben.

a) Der G hat sich nicht selbst mit B **geeinigt**, aber der A könnte ihn vertreten haben.

aa) Fraglich ist, welches Recht auf die Stellvertretung anzuwenden ist.

 Anknüpfung der Stellvertretung

Die Stellvertretung ist trotz der weitreichenden Reformen im IPR durch die Rom I- und II-VO noch immer nicht kodifiziert[1]. Das Statut der Vollmacht ist unabhängig von dem Statut des ihr zugrundeliegenden Rechtsgeschäfts (z.B. Auftrag, Dienstvertrag) zu ermitteln.

Bei der Stellvertretung ist zu unterscheiden:

1. Fragen der Vollmachtserteilung (Bestehen, Umfang, Beendigung)
  - Rspr: Recht des Wirkungslandes
  - a.A.: Recht am gewöhnlichen Aufenthaltsort des Vertretenen
  - h.M.: Recht des **Gebrauchsortes**

2. Zulässigkeit der Stellvertretung, Wirkungen der Stellvertretung und Haftung des Vertreters ohne Vertretungsmacht unterliegen dagegen dem **Wirkungsstatut**, d.h. dem Statut des vom Vertreter vorgenommen Rechtsgeschäfts.

Malkus/Pierenkemper/Schulz, Einführung in das IPR

---

[1] Das BMJV hat im August 2016 einen Referentenentwurf vorgelegt, wonach in Art. 8 EGBGB eine Regelung zur gewillkürten Stellvertretung geschaffen werden soll. Angeknüpft werden soll (i) an das vom Vollmachtgeber gewählte Recht, wenn die Rechtswahl für den Dritten und den Bevollmächtigten bekannt ist, ansonsten (ii) bei unternehmerisch tätigen oder angestellten Bevollmächtigten an den gewöhnlichen Aufenthalt des Vollmachtgebers, falls dieser für den Dritten erkennbar ist, ansonsten (iii) an den Gebrauchsort.
Vgl. dazu BMJV, Referentenentwurf zur Änderung von Vorschriften im Bereich des Internationalen Privat- und Zivilverfahrensrechts, abrufbar unter:
https://www.bmjv.de/SharedDocs/Gesetzgebungsverfahren/Dokumente/RefE_Privat_und_Zivilverfahrensrecht.pdf

110

Zulässigkeit und Wirkungen der Stellvertretung unterliegen dem Wirkungsstatut, d.h. dem Recht, von dem das Vertretergeschäft beherrscht wird. A nimmt hier eine dingliche Einigung in Deutschland vor. Die Ansicht, nach der das Recht des gewöhnlichen Aufenthaltsorts des Vertretenen, hier Italien, anzuwenden ist, überzeugt nicht, da sie dem Verkehrsschutz widerspricht. Nach allen anderen Ansichten zur Anknüpfung der Stellvertretung gilt das Sachenrechtsstatut, also deutsches Recht.

bb) Bei Anwendung deutschen Rechts ist eine Stellvertretung bei der Übereignung zulässig. Von der Wirksamkeit der Vollmachtserteilung ist auszugehen.
G und B haben sich wirksam über den Übergang des Eigentums am Ferrari geeinigt.

b) Eine **Übergabe** an B lag auch vor. Sie hat entweder direkten Besitz erworben, wenn A als Besitzdiener gem. § 855 BGB einzuordnen ist oder zumindest mittelbaren Besitz erworben, wenn A unmittelbarer Besitzer gem. § 868 BGB ist.

c) Letztlich ist G als Eigentümer des Wagens auch zur Übereignung an B **berechtigt**.

B hat damit Eigentum am Ferrari erworben.

d) Fraglich ist aber, ob sie auch **lastenfreies Eigentum** erworben hat. Der Ferrari könnte weiterhin mit der Autohypothek des V belastet sein, wenn B nicht gutgläubig gewesen ist, vgl. § 936 Abs. 2 BGB.

B selbst hat die Formalitäten der Übereignung nicht vorgenommen, sondern sich von der X-GmbH vertreten lassen. Gemäß § 166 Abs. 1 BGB ist dann auf den guten Glauben der Stellvertreterin abzustellen.

Die Stellvertreterin musste sich gerade beim Kauf von einem unbekannten Privatmann zu einem auffällig günstigen Preis zu zusätzlichen Nachforschungen veranlasst sehen.

Beim Autokauf ist der Blick in die Papiere maßgeblich, auch wenn diese auf Italienisch sind und die Autohypothek in Deutschland unbekannt ist.

Der X-GmbH hätte auch das *„foglio complementare"* auffallen müssen, in das die Autohypothek eingetragen wurde. Soweit die X-GmbH davon ausging, dass allein die *„carta circolazione"* als Beweis der Eigentümerstellung ausreiche, ist dies unbeachtlich. Ein mit dem ausländischen Recht nicht vertrauter Käufer hat die Pflicht, sich zu informieren und sich die Papiere gegebenenfalls übersetzen zu lassen.

Dies erfolgte nicht, so dass die erforderliche Sorgfalt in solch' hohem Maße verletzt wurde, dass eine **grobe Fahrlässigkeit i.S.d. §§ 932 Abs. 2, 936 Abs. 2 BGB** vorliegt.
B hat daher kein lastenfreies Eigentum erworben. Die Autohypothek des V besteht daher weiterhin.

Ergebnis: V hat gegen B einen Anspruch auf Herausgabe des Ferraris zum Zwecke der Verwertung analog § 985 BGB.

Zur Vertiefung siehe ▧ *Brünjes/Jannsen*, JuS 1995, 45 ff.

Fall 14: Riskante Geschäftsführung

▶ **Themen:** Internationales Gesellschaftsrecht,
Niederlassungsfreiheit, Gründungstheorie, Sitztheorie,
Handelndenhaftung ★★★

Die X-GmbH ist ein deutsches Unternehmen, das sich auf den Vertrieb technischer Gase spezialisiert hat. Sie unterhielt geschäftliche Beziehungen unter anderem zur U Limited, der sie in den Jahren 2000 und 2001 vereinbarungsgemäß Gas lieferte und entsprechende Gasflaschen vermietete.

Die U Ltd., deren Geschäftsführer und Mitgesellschafter der deutsche Staatsangehörige G ist, war gemäß dem Companies Act of England and Wales im Companies House Cardiff, UK als *private limited company* mit eingetragenem Sitz in London registriert worden. Die gesamte Geschäftätigkeit der U Limited erfolgte hingegen – vom Wohnsitz des G in Görlitz, BRD ausgehend – nur ausschließlich in Deutschland, ohne dass eine Eintragung in ein deutsches Handelsregister erfolgt wäre.

Gegenüber der X-GmbH stehen seitens der U Ltd. noch Zahlungen in Höhe von 4.000 € aus. Die U Ltd. ist zwischenzeitlich insolvent geworden, ein Insolvenzverfahren wurde mangels Masse nicht eröffnet. Die X-GmbH nimmt nun G persönlich auf Zahlung der ausstehenden Summe in Anspruch.

Zu Recht?

Abwandlung: Wie ist der Fall zu beurteilen, wenn es sich bei U nicht um eine englische Limited, sondern um eine schweizerische Aktiengesellschaft gehandelt hätte?

Ausgangsfall
Anspruch der X-GmbH gegen G gemäß § 11 Abs. 2 GmbHG analog?
I. Sachverhalt mit Auslandsberührung nach Art. 3 a.E. EGBGB
II. Anwendbarkeit materiellen Einheitsrechts?
III. Anwendbarkeit internationaler kollisionsrechtlicher Abkommen?
IV. Bestimmung des maßgeblichen IPR
V. Bestimmung der maßgeblichen Kollisionsnorm
  1. Einheitliche Qualifikation
  2. Anknüpfung nach der Sitztheorie
VI. Anwendung des berufenen Sachrechts
VII. Korrektur wegen entgegenstehenden höherrangigen Rechts?
VIII. Ergebnis

Abwandlung
Anspruch der X-GmbH gegen G aus § 11 Abs. 2 GmbHG analog?
I. Sachverhalt mit Auslandsberührung nach Art. 3 EGBGB
II. Anwendbarkeit materiellen Einheitsrechts?
III. Anwendbarkeit internationaler kollisionsrechtlicher Abkommen?
IV. Bestimmung des maßgeblichen IPR
V. Bestimmung der maßgeblichen Kollisionsnorm
VI. Anwendung des berufenen Sachrechts
VII. Korrektur wegen entgegenstehenden höherrangigen Rechts?
VIII. Ergebnis

Die X-GmbH könnte gegen G einen Anspruch aus § 11 Abs. 2 GmbHG analog haben.

Dazu müsste sich der Anspruch der X-GmbH gegen G nach deutschem Recht richten. Ob deutsches Recht anwendbar ist, richtet sich nach dem EGBGB.

I. Zur Anwendung des EGBGB müsste zunächst ein Fall mit **Auslandsberührung nach Art. 3 a.E. EGBGB** vorliegen.

Der Sachverhalt weist hier durch die Gründung der U Ltd. im Vereinigten Königreich als Gesellschaft englischen Rechts Auslandberührung auf. Zwar wird G, der selbst deutscher Staatsbürger ist, persönlich in Anspruch genommen; ferner betrieb die U Ltd. ihr Geschäft faktisch ausschließlich in Deutschland. Der Anspruch der X-GmbH hat seine Grundlage jedoch im Gesellschaftsrecht (§ 11 Abs. 2 GmbHG).

In Fällen, in denen ein gesellschaftsrechtlicher Sachverhalt in Rede steht, kommt es maßgeblich darauf an, nach welcher Rechtsform die Gesellschaft gegründet worden ist. Das auf den Sachverhalt anwendbare Recht ist daher gem. Art. 3 a.E. EGBGB nach den Vorschriften des Internationalen Privatrechts (IPR) zu bestimmen.

II. Vereinheitlichtes Sachrecht ist nicht anwendbar.

III. Vorrangige anwendbare Staatsverträge nach Art. 3 EGBGB liegen hier nicht vor. Das „Übereinkommen vom 29.02.1968 über die gegenseitige Anerkennung von Gesellschaften und juristischen Personen" (BGBl. 1968 II, S. 369 ff.) ist mangels Ratifizierung durch die Niederlande bis dato nicht in Kraft getreten.

IV. Zu prüfen ist weiterhin, welches **Kollisionsrecht anwendbar** ist.

Das anwendbare einzelstaatliche IPR bestimmt sich, soweit bereits eine Klage anhängig ist, nach den Regeln des Staates, in dem sich das Gericht befindet, der sog. *lex fori.*

Die X-GmbH macht ihren Anspruch auf Schadensersatz vor einem deutschen Gericht geltend. Zur Beurteilung dieser Frage ist daher das deutsche IPR heranzuziehen.

V. Bestimmung der maßgeblichen Kollisionsnorm

Fraglich ist, nach welcher Kollisionsnorm das anwendbare Recht zu bestimmen ist.

Geschriebene Regeln über die Bestimmung des auf gesellschafts-rechtliche Fragen anwendbaren Rechtes enthält das EGBGB *bislang* nicht[2]. Vielmehr richtet sich das deutsche internationale Gesellschaftsrecht nach wie vor nach Richter- bzw. Gewohnheits-recht.

---

[2] Der Referentenentwurf des BMJ vom 7.1.2008 zur Reform des internationalen Privatrechts der Gesellschaften, Vereine und juristischen Personen, der eine einheitliche Gründungsanknüpfung auf Basis der Einheitslehre für Gesellschaften aus allen Staaten vorsah, wurde nicht umgesetzt. Künftig ist wohl eher eine Regelung auf europäischer Ebene zu erwarten.

1. Nach der ständigen Rechtsprechung des BGH und der herrschenden Literatur gilt für die Frage der **Qualifikation** die sog. **Einheitslehre.** Danach gilt ein einheitliches Kollisionsstatut für alle gesellschaftsrechtlichen Fragestellungen, das sog. Gesellschaftsstatut.

§ Umfang der Anknüpfung im internationalen Gesellschaftsrecht – die sog. Einheitslehre

Nach der überwiegend vertretenen Einheitslehre werden alle gesellschaftsrechtlichen Innen- und Außenbeziehungen grundsätzlich einheitlich nach einem Recht beurteilt. Dies bezeichnet man als Einheitslehre, das nach ihr anzuwendende Recht als Personalstatut der Gesellschaft, Gesellschaftsstatut oder *lex societatis.*

Das Gesellschaftsstatut regelt nach der Einheitslehre einheitlich alle gesellschaftsrechtlichen Beziehungen vom Beginn (Gründung) bis zum Ende (Auflösung und Abwicklung) der Organisation, mit anderen Worten wie die Gesellschaft „entsteht, lebt und vergeht".

Das Gesellschaftsstatut umfasst unter anderem:
- Rechtsnatur, Rechts- und Handlungsfähigkeit
- Gründung, Umwandlung und Auflösung
- Name bzw. Firma
- Organisations- und Finanzverfassung
- Vertretungsmacht der Organe
- Erwerb und Verlust sowie Inhalt der Gesellschafterstellung
- Haftung der Gesellschaft, Organe und Gesellschafter für Verbindlichkeiten der Gesellschaft (Außenhaftung)
- Haftung wegen der Verletzung gesellschaftsrechtlicher Pflichten (Innenhaftung)
- Rechnungslegung

Für die Einheitslehre wird geltend gemacht, sie diene der Rechtssicherheit und Rechtsklarheit und folge aus dem Funktionszusammenhang zwischen Innen- und Außenrecht der Gesellschaft. Ein unpraktikabler „Normenmix" werde vermieden.

Die Einheitlichkeit der Anknüpfung ist letztlich aber nur der **Grundsatz.** Zur Vermeidung unbilliger Ergebnisse lassen auch die Vertreter der Einheitslehre Ausnahmen zu. Teilweise wird das

116

gefundene Ergebnis über den *ordre public* korrigiert oder – häufiger – für einzelne Teilbereiche soll eine Sonderanknüpfung eingreifen.

2. Fraglich ist, nach welchem nationalen Recht sich das so verstandene einheitliche Gesellschaftsstatut richtet (**Anknüpfung**). Hierfür gilt nach der ständigen Rechtsprechung des BGH grundsätzlich die sog. **Sitztheorie**. Nach ihr ist das Recht desjenigen Staates anzuwenden, in dem die Gesellschaft den **tatsächlichen Sitz** ihrer **Hauptverwaltung** unterhält.

§ **Sitz- und Gründungstheorie**

Der **Anknüpfungspunkt** für einen Gesamtverweis zur maßgeblichen Rechtsordnung ist bei Gesellschaften umstritten. Auf der Grundlage eines einheitlichen Gesellschaftsstatuts stehen sich im Wesentlichen zwei Theorien gegenüber:

1. Sitztheorie
Nach der **Sitztheorie** ist das Recht des Staates maßgeblich, in dem die Gesellschaft den tatsächlichen Sitz der Hauptverwaltung hat (materieller Ansatz). Dies ist der Ort, an dem die grundlegenden Entscheidungen der Unternehmensleitung in laufende Geschäftsführungsakte umgesetzt werden (sog. *Sandrock'sche Formel*). Die Sitztheorie gilt (noch) u.a. in Deutschland, Österreich, Luxemburg, Frankreich, Portugal, Ungarn, Polen und Rumänien.

Vorteile: Die Sitztheorie beruht auf der Vermutung, dass der Schwerpunkt der Aktivitäten der Gesellschaft im Staat ihres tatsächlichen Sitzes liege, wo die meisten durch die Geschäftstätigkeit der Gesellschaft betroffenen Interessengruppen (Gläubiger, Arbeitnehmer und Minderheitsgesellschafter) angesiedelt seien. Damit bestehe zu diesem Staat materiell die **engste Verbindung**. Der betroffene Staat erhält nach der Sitztheorie damit zugleich eine Art **Wächteramt** zur Durchsetzung seiner legitimen Kontrollinteressen.

Nachteile: Das Auffinden des tatsächlichen Verwaltungssitzes kann Schwierigkeiten bereiten, insb. wenn die **Gesellschaft in mehreren Staaten** vertreten ist. Da an den tatsächlichen Sitz angeknüpft wird, führt dessen Verlegung auch automatisch zu

einem **Statutenwechsel**, was in Zeiten globalisierten Wirtschaftens als unzeitgemäß empfunden wird (vgl. zu den Rechtsfolgen unten Kasten „Sitzverlegung und Statutenwechsel").

---

2. Gründungstheorie

Nach der Gründungstheorie (auch Inkorporationstheorie oder Registrierungstheorie) ist dasjenige Recht maßgeblich, nach dem die Gesellschaft **gegründet** wurde bzw. nach dem sie konstitutiv **in ein Register eingetragen** ist (formeller Ansatz). Sie gilt u.a im anglo-amerikanischen Raum, in Dänemark, den Niederlanden, Liechtenstein und der Schweiz.

Vorteile: Der Ort der Gründung bzw. Registrierung ist meist leicht und rechtssicher festzustellen, durch das Abstellen auf den Ort der Gründung (sog. Satzungssitz) bzw. Registrierung (sog. Registersitz), ändert sich das anwendbare Recht nicht durch Verlegung des tatsächlichen Sitzes der Hauptverwaltung. Es tritt **kein Statutenwechsel** ein. Für die Gesellschaften bedeutet dies ein höheres Maß an Mobilität.

Nachteile: Die Gefahren des **Rechtsmissbrauchs** sind höher als bei der Sitztheorie. Durch den Einsatz sog. Briefkastengesellschaften (Gründung in einem, Geschäftstätigkeit ausschließlich in einem anderen Staat) lässt sich das Recht des Sitzstaates umgehen. Dadurch sind dessen legitime Kontrollinteressen zugunsten inländischer Interessengruppen (Gläubiger, Arbeitnehmer und Minderheitsgesellschafter) schwer bzw. gar nicht durchsetzbar. Auch wird befürchtet, dass durch einen **Wettbewerb der Gesellschaftsrechte** sich am Ende dasjenige Recht durchsetzen werde, dass Dritten (Gläubigern, Arbeitnehmern, Minderheitsgesellschaftern) den geringsten Schutz bietet (sog. *race to the bottom*). Von den Befürwortern der Gründungstheorie wird dagegen die innovationsfördernde Wirkung eines solchen Wettbewerbs betont (sog. *race to the top*).

VI. Anwendung der maßgeblichen Kollisionsnorm

Nach der Sitztheorie sind gesellschaftsrechtliche Fragestellungen nach dem Recht desjenigen Staates zu beurteilen, in dem die betreffende Gesellschaft ihren Hauptverwaltungssitz hat.

Dies ist der Ort, an dem die grundlegenden Entscheidungen der Unternehmensleitung in laufende Geschäftsführungsakte umgesetzt werden.

Im vorliegenden Fall war die U Ltd. zwar in England gegründet und registriert, sie führte jedoch sämtliche Geschäfte ausschließlich in Deutschland vom Wohnsitz ihres Geschäftsführers G in Görlitz aus. Nach der, im Sinne der Einheitslehre verstandenen, Sitztheorie ist somit auf alle gesellschaftsrechtlich zu qualifizierenden Rechtsbeziehungen der U Ltd. einheitlich deutsches Recht anwendbar.

VII. Anwendung des berufenen Sachrechts

Eine Anwendung des § 11 Abs. 2 GmbHG setzt voraus, dass die U Ltd. eine deutsche GmbH ist, in deren Namen vor Eintragung ins Handelsregister gehandelt wird. Ist dies der Fall, so haften die handelnden Personen persönlich und gesamtschuldnerisch für die dadurch Dritten entstandenen Schäden. Die Norm dient der Sicherung der Gläubiger, denen vor Eintragung keine juristische Person haftet.

Vorliegend handelte es sich bei der U Ltd. aber um keine deutsche GmbH, sondern um eine in England gegründete und registrierte Gesellschaft englischen Rechts. Eine direkte Anwendung des § 11 Abs. 2 GmbHG scheidet mithin aus.

§ 11 Abs. 2 GmbHG ist aber nach st. Rspr. auf eine Auslandsgesellschaft analog anwendbar, wenn dieser – wie der noch nicht eingetragenen GmbH – die Rechtsfähigkeit fehlt. Ob eine im Ausland gegründete Gesellschaft im Inland rechtsfähig ist, bestimmt sich als gesellschaftsrechtliche Frage wiederum nach dem Gesellschaftsstatut.

Das maßgebliche Gesellschaftsstatut wird nach der Sitztheorie durch das Recht am Ort des tatsächlichen Verwaltungssitzes gebildet. Solange die Auslandsgesellschaft neben ihrem Satzungs- bzw. Registersitz auch ihren Verwaltungssitz im Gründungsstaat unterhält, ist sie somit nach dessen Regeln auch in Deutschland rechtsfähig. Fraglich ist, wie es sich auswirkt, wenn Satzungs- bzw. Registersitz und Verwaltungssitz anfänglich oder nachträglich auseinanderfallen.

§ Sitzverlegung und Statutenwechsel

Aufgrund der unterschiedlichen Anknüpfungsmerkmale (tatsächlicher Sitz vs. formelle Registrierung) unterscheiden sich Sitz- und Gründungstheorie auch in der Beurteilung grenzüberschreitender Sitzverlegungen.

1. Sitztheorie

Da unter der Sitztheorie der tatsächliche (Verwaltungs-)Sitz die anknüpfungsrelevante Tatsache ist, führt eine Sitzverlegung aus dem Gründungsstaat in einen anderen Staat zu einer Änderung des auf die Gesellschaft anzuwendenden Rechts (sog. Statutenwechsel). Die juristische Person besteht in diesen Fällen nur dann fort, wenn dies kumulativ (!) sowohl dem Recht des bisherigen Sitzstaates als auch dem des neuen Sitzstaates entspricht. Folgt die *lex fori* der Sitztheorie sind daher sowohl das IPR des bisherigen wie auch des neuen Sitzstaates zu prüfen (Gesamtverweisung, Art. 4 Abs. 1 S.1 EGBGB). Daraus folgt:

- Verlegt eine in einem Gründungstheoriestaat gegründete Gesellschaft ihren tatsächlichen Sitz ins Inland, ist deutsches Recht (als Sitzrecht) anwendbar.

- Verlegt eine im Inland (Sitztheoriestaat) gegründete Gesellschaft ihren tatsächlichen Sitz in einen Gründungstheoriestaat, verweist die deutsche *lex fori* auf das Kollisionsrecht des Gründungstheoriestaates. Solange die Gesellschaft in Deutschland noch registriert ist bzw. ausreichende andere Anknüpfung im Sinne des IPR des Zuwanderungsstaates bestehen, ist deutsches Recht (als Gründungsrecht infolge *renvoi*) anwendbar.

- Verlegt eine im Inland (Sitztheoriestaat) gegründete Gesellschaft ihren tatsächlichen Sitz in einen anderen Sitztheoriestaat, ist das Recht dieses Staates (als Sitzrecht) anwendbar.

Satzungs- bzw. Registrierungssitz sind unter der Sitztheorie demgegenüber keine anknüpfungsrelevante Tatsache. Eine Verlegung führt daher nicht zu einem Statutenwechsel.

2. Gründungstheorie

Umgekehrt ist für die Gründungstheorie die Verlegung des tatsächlichen Verwaltungssitzes grundsätzlich ohne Auswirkung

120

auf das anzuwendende Recht; die Verlegung des Satzungs- bzw.
Registersitzes dagegen führt zu einem Statutenwechsel.

Infolge des Auseinanderfallens von Satzungssitz und Verwaltungssitz der U Ltd. kommt es zu einem Statutenwechsel. Maßgeblich
für die Frage nach der Rechtsfähigkeit ist damit nach der Sitztheorie deutsches materielles Gesellschaftsrecht. Als nach englischem Recht gegründete Gesellschaft kann die U Ltd. die für die
Erlangung der Rechtsfähigkeit als deutsche haftungsbeschränkte
Kapitalgesellschaft erforderlichen Voraussetzungen offensichtlich
nicht erfüllen, insbesondere kann sie nicht als solche in das
deutsche Handelsregister eingetragen werden (sog. Gründung
unter falschem Recht). Fraglich ist, wie sich dies auswirkt.

§ Rechtsfolgen der Sitztheorie

Nach der früher ganz herrschenden **strengen Sitztheorie** war
eine infolge Statutenwechsels unter falschem Recht gegründete
Gesellschaft insgesamt unwirksam und galt als rechtlich nicht
existent. Sie war damit weder rechts- noch parteifähig. Diese
einschneidende Folge wurde als Sanktion für die mit der
Auslandsgründung intendierte Umgehung des inländischen
Sitzrechts verstanden. Unbeachtlich war nach dieser Variante der
Sitztheorie, ob dem Kollisionsrecht des Wegzugsstaates die
Sitztheorie oder die Gründungstheorie zugrundelag und ob der
Wegzugsstaat den Wegzug gestattete. Nachteil der strengen
Sitztheorie: dem eigentlich zu schützenden inländischen Gläubiger
wurde so oftmals das Haftungssubjekt entzogen.

Seit seinem Urteil vom 01.07.2002 vertreten der BGH und Teile
der Literatur nunmehr eine sog. **modifizierte Sitztheorie.** Der
Statutenwechsel soll danach nicht per se zu einer Nichtigkeit der
Auslandsgesellschaft führen, sondern zu ihrer Umdeutung in eine
inländische Personengesellschaft (GbR, oHG oder KG). Die
Gesellschaft ist damit zumindest (wenn auch nicht in ihrer
ursprünglichen Rechtsform) rechts- und parteifähig. Auch dieses
„Umqualifizierungsmodell" der modifizierten Sitztheorie steht
scharf in der Kritik, führt sie doch zu weitreichenden Folge-
problemen.

Für den hier vorliegenden Fall bedarf es keiner Entscheidung zwischen den beiden Theorien: Sowohl nach der strengen als auch nach der modifizierten Sitztheorie sollen Geschäftsführer einer Auslandsgesellschaft nach § 11 Abs. 2 GmbHG persönlich haften.

Zwar erlaubt die Umdeutung in eine deutsche Personen-gesellschaft nach der modifizierten Sitztheorie eine persönliche Inanspruchnahme der Gesellschafter (analog) § 128 HGB. Jedoch wird geltend gemacht, es bestehe daneben ein Bedürfnis für die Haftung des tatsächlich Handelnden, da meist nur dieser für einen Zugriff im Inland zur Verfügung stehe.

Damit hätte die X-GmbH einen Anspruch auf Schadensersatz gegen den G persönlich aus § 11 Abs. 2 GmbHG.

VIII. Korrektur durch die Niederlassungsfreiheit

Fraglich ist jedoch, ob dieses Ergebnis wegen Verstoßes gegen höherrangiges Recht zu korrigieren ist. In Betracht kommt insofern vor allem ein Verstoß gegen die EU-vertraglich garantierte Nieder-lassungsfreiheit (Art. 49, 54 AEUV).

Die Niederlassungsfreiheit ist in den Mitgliedsstaaten unmittelbar anwendbares Recht. Träger können nach Maßgabe des Art. 54 AEUV neben natürlichen Personen auch Gesellschaften sein. Der Status als niederlassungsberechtigte Gesellschaft richtet sich dabei ausschließlich nach dem Gründungsrecht.

Die Niederlassungsfreiheit wirkt als allgemeines Beschränkungs-verbot und besitzt eine kassatorische Funktion: Mitgliedsstaatliche Regelungen und Maßnahmen, gleich ob sachrechtlicher oder kollisionsrechtlicher Art, welche die Niederlassungsfreiheit einer in einem anderen Mitgliedsstaat wirksam gegründeten und dort im Register eingetragenen Gesellschaft ungerechtfertigt beschränk-en, sind unwirksam.

Eine Beschränkung liegt dann vor, wenn eine mitgliedsstaatliche Regelung oder Maßnahme die Ausübung der Niederlassungs-freiheit unterbindet, behindert oder weniger attraktiv macht. Eine solche Beschränkung kann zwar im Ausnahmefall gerechtfertigt

122

sein; die Schwelle dafür ist aber nach den vom EuGH entwickelten Kriterien hoch anzusetzen:

(1) Der beschränkende Hoheitsakt muss in nicht-diskriminierender Weise angewendet werden,

(2) er muss solche Zielen folgen, die als zwingende Gründe des Allgemeininteresses zu klassifizieren sind,

(3) er muss zur Erreichung dieser Ziele geeignet sein und darf schließlich

(4) die Niederlassungsfreiheit der betreffenden Gesellschaft nicht stärker beschränken, als es zur Erreichung dieser Ziele erforderlich ist (sog. „Vier-Konditionen-Test").

Als in diesem Sinne rechtfertigungsfähige Zielsetzungen kommen grundsätzlich auch Schutzanliegen der Sitztheorie, namentlich die Bekämpfung von Missbräuchen und der Gläubigerschutz, in Frage.

Fraglich ist damit, ob die Versagung der Rechtsfähigkeit als Gesellschaft englischen Rechts und die Handelndenhaftung des G analog § 11 Abs. 2 GmbHG, Folgen der Anwendung der Sitztheorie, zum einen eine Beschränkung der Niederlassungsfreiheit darstellen und zum anderen ob sie im Sinne des Vier-Konditionen-Tests gerechtfertigt sind. Hierbei kommt mangels expliziter Normierung insb. der Spruchpraxis des EuGH entscheidende Bedeutung zu.

---

§ **Rechtsprechung des EuGH zur Niederlassungsfreiheit der Gesellschaften**

Eine Kenntnis der Grundzüge der EuGH-Rechtsprechung zur Niederlassungsfreiheit ist für die Lösung von Fällen aus dem Bereich des internationalen Gesellschaftsrechts unerlässlich. Im Folgenden werden die wichtigsten Entscheidungen in aller Kürze skizziert. Dabei wird unterschieden zwischen Zuzugs- und Wegzugsfällen (dazu s.u.).

A. Zuzugsfälle

1. Centros (1999)

Problem: Eine im Vereinigten Königreich (UK) gegründete Gesellschaft unterhält ihren tatsächlichen Verwaltungssitz ausschließlich in Dänemark und wird auch nur in Dänemark geschäftlich aktiv. Sie beantragt die Eintragung einer Zweigniederlassung im dänischen Handelsregister. Die Behörden bescheiden unter Hinweis auf eine „Umgehung" der dänischen Gründungsvorschriften abschlägig.

Kernaussage des EuGH: Die Eintragungsverweigerung stellt selbst dann einen Verstoß gegen die Niederlassungsfreiheit dar, wenn sämtliche Geschäfte nur im Sitzstaat geführt werden. Dies gilt auch dann, wenn diese Konstruktion nur gewählt wurde, um restriktive Gründungsvorschriften zu umgehen. Die Wahl eines günstigen Rechts in der EU stellt keinen Missbrauch der Niederlassungsfreiheit dar, sondern vielmehr eine zulässige Ausprägung derselben.

2. Überseering (2002)

Problem: Eine nach niederländischem Recht gegründete Gesellschaft wird von zwei Deutschen gekauft, die das Geschäft ausschließlich in Deutschland weiterführen. Die Gesellschaft klagt in Deutschland aus einem Werkvertrag. Die Klage wird abgewiesen, weil die Gesellschaft ihren Verwaltungssitz im Inland habe und nach der (strengen) Sitztheorie damit nicht rechts- und parteifähig sei.

Kernaussage des EuGH: Die Versagung der Rechts- und Parteifähigkeit verstößt gegen die Niederlassungsfreiheit.

3. Inspire Art (2003)

Problem: Eine nach britischem Recht gegründete Gesellschaft wird ausschließlich in den Niederlanden geschäftlich tätig. Die Eintragung als Zweigniederlassung ins niederländische Handelsregister wird beantragt. Die Behörden verweigern die Eintragung unter Hinweis auf ein spezielles Gesetz für „formell ausländische Gesellschaften". In diesem sind u.a. Pflichten betreffend das Mindestkapital und die Publizität statuiert, die teilweise sogar strenger sind als für inländische Gesellschaften und bei deren Nichteinhaltung die persönliche Haftung der Geschäftsführer vorgesehen ist. Neben Gründungsvorschriften handelt es sich

dabei auch um Vorschriften, die während des Bestehens der Gesellschaft eingreifen.

Kernaussage des EuGH: Die Anwendung der gesellschaftsrechtlichen Vorschriften auf die EU-ausländische Gesellschaft stellt einen Verstoß gegen die Niederlassungsfreiheit dar. Eine Rechtfertigung folgt nicht aus Missbrauchsgesichtspunkten: Es ist eine zulässige Ausübung und kein Missbrauch der Niederlassungsfreiheit, wenn sich die Gründer bei der Gründung für das nationale Recht entscheiden, das die geringsten Anforderungen stellt. Eine Rechtfertigung unter dem Gesichtspunkt des Gläubigerschutzes scheidet ebenfalls aus: Gläubiger sind durch die Offenlegung der ausländischen Rechtsform hinreichend gewarnt, dass evtl. Vorschriften für die Gesellschaft gelten, die von den inländischen abweichen können.

B. Wegzugsfälle

1. Daily Mail (1988)

Problem: Verlegung des Verwaltungssitzes einer englischen Gesellschaft aus England in die Niederlande, um dort zu günstigeren steuerlichen Bedingungen im Wert gestiegene Wertpapiere zu verkaufen. Englische Steuerbehörde verweigert die zur Sitzverlegung ohne Liquidation erforderliche Zustimmung.

Kernaussage des EuGH: Die Verlegung unter Beibehaltung der bisherigen Rechtsform ist gegenüber dem Gründungsstaat nicht von der Niederlassungsfreiheit geschützt. Gesellschaften sind Geschöpfe des nationalen Rechts; jenseits der Rechtsordnung, die ihre Gründung und Existenz regelt, haben sie keine Realität.

2. Cartesio (2009)

Problem: Eine ungarische Gesellschaft will ihren Verwaltungssitz unter Beibehaltung ihrer Rechtsform nach Italien verlegen. Das ungarische Registergericht lehnt die entsprechende Eintragung unter Verweis auf die in Ungarn geltende Sitztheorie ab.

Kernaussage des EuGH: Die Verlegung unter Beibehaltung der bisherigen Rechtsform ist gegenüber dem Gründungsstaat nicht von der Niederlassungsfreiheit geschützt. Ob sich eine Gesellschaft auf die Niederlassungsfreiheit berufen kann, ist eine Vorfrage, die sich alleine nach nationalem Recht bestimmt.

Auswanderungswilligen Gesellschaften bleibt nur die form-wechselnde Umwandlung in eine Rechtsform des Zuzugsstaates. Dass ein solcher grenzüberschreitender Formwechsel (auch im Verhältnis zum Gründungsstaat) durch die Niederlassungsfreiheit geschützt ist, hat der EuGH in der Entscheidung Vale (2012) noch einmal bestätigt.

C. Folgerungen (h.M.): Es ist zu unterscheiden zwischen Zuzugsfällen und Wegzugsfällen:

- Zuzugsfälle
Die Belastung geht vom Zuzugsstaat (Immigrationsstaat) aus.
Die Anwendung sämtlicher gesellschaftsrechtlicher Vorschriften auf eine EU-Auslandsgesellschaft stellt grds. Eine Beschränkung der Niederlassungsfreiheit dar. Eine Rechtfertigung kommt nur in Ausnahmefällen in Betracht. Enthält das Gründungsrecht bereits gläubigerschützende Normen (und sei es von geringerer Schutz-höhe), ist die Anwendung inländischen Rechts in keinem Fall erforderlich im Sinne des Vier-Konditionen-Tests.

- Wegzugsfälle
Die Belastung geht vom Wegzugsstaat (Emigrationsstaat) aus.
Die Hinausverlegung von Satzungs- oder Verwaltungssitz unter Beibehaltung der nationalen Rechtsform darf der Gründungsstaat verbieten. Er regelt insofern nur die nicht europarechtliche Vorfrage, ob es sich überhaupt um eine Gesellschaft im Sinne des AEUV handelt. Die Hinausverlegung unter Rechtsformwechsel ist hingegen von der Niederlassungsfreiheit geschützt.

Die Versagung der Rechtsfähigkeit und der mit der Handelnden-haftung verbundene Eingriff in das Haftungsregime sind geeignet, die Errichtung einer (Zweig-)Niederlassung in Deutschland zu-mindest weniger attraktiv zu machen. Es handelt sich mithin um Beschränkungen der Niederlassungsfreiheit.

Diese Beschränkungen könnten allerdings im Sinne des Vier-Konditionen-Tests gerechtfertigt sein. Als zwingende Gründe des Allgemeinwohls kommen dabei insb. der Schutz inländischer Gläubiger und der Missbrauch (*fraus legis*) durch Umgehung inländischer Gründungsvorschriften, insb. zur Kapitalaufbringung, in Betracht. In der Wahl der vorteilhafteren Rechtsordnung alleine liegt aber keine missbräuchliche Berufung auf die Niederlassungs-

freiheit, sondern gerade deren Ausübung *(Centros, Inspire Art, s.o.)*.

Der Gläubigerschutz ist dagegen grds. als zwingender Grund des Allgemeinwohls anzuerkennen. Insoweit die strenge Sitztheorie die Nichtigkeit der Gesellschaft zur Folge hätte, ist sie aber zum Schutz inländischer Gläubiger bereits nicht geeignet. Dem Gläubiger würde dadurch vielmehr sein ursprüngliches Haftungssubjekt genommen.

Rechtfertigungsfähig wäre die Handelndenhaftung damit lediglich unter dem Gesichtspunkt der modifizierten Sitztheorie. Dazu müsste die Umwandlung in eine inländische Personengesellschaft und die parallele persönliche Haftung der Handelnden analog § 11 Abs. 2 GmbH aber auch erforderlich sein. Dies scheidet nach h.M. im vorliegenden Fall aus. Die englische Rechtsordnung selbst hält ausreichende gläubigerschützende Normen vor. Auch sind die Gläubiger der U Ltd. durch ihre Firmierung bereits hinreichend gewarnt darüber, dass für ihre Organisation vom deutschen Recht möglicherweise abweichende Vorschriften gelten.

Die Beschränkungen verstoßen mithin gegen höherrangiges, unmittelbar geltendes Gemeinschaftsrecht. Entsprechend ist – so im Nachgang der EuGH-Rechtsprechung die h.L. und der BGH – gegenüber in einem anderen EU-Mitgliedsstaat gegründeten Gesellschaften die Gründungstheorie anzuwenden.

IX. Ergebnis: Die X-GmbH hat keinen Anspruch gegen G aus § 11 Abs. 2 GmbHG analog.

Abwandlung

Wie ist der Fall zu beurteilen, wenn die U nicht in der Rechtsform einer englischen Ltd., sondern als schweizerische Aktiengesellschaft gegründet wäre?

I. Zur Anwendung des EGBGB müsste zunächst ein Fall mit **Auslandsberührung nach Art. 3 a.E. EGBGB** vorliegen.

Der Sachverhalt weist hier durch die Gründung der U in der Schweiz in der Rechtsform einer schweizerischen Aktiengesell-

schaft Auslandsberührung auf. Zwar wird G, der selbst deutscher Staatsbürger ist, persönlich in Anspruch genommen; auch handelte die U faktisch ausschließlich in Deutschland.

Die Anspruchsgrundlage des § 11 Abs. 2 GmbHG ergibt sich aber aus dem Gesellschaftsrecht. In Fällen, in denen ein gesellschafts-rechtlicher Sachverhalt in Rede steht, kommt es maßgeblich darauf an, nach welcher Rechtsform die Gesellschaft gegründet worden ist. Das auf den Sachverhalt anwendbare Recht ist daher gem. Art. 3 a.E. EGBGB nach den Vorschriften des Kollisions-rechts zu bestimmen.

II. Vereinheitlichtes Sachrecht ist nicht anwendbar.

III. Vorrangige anwendbare Staatsverträge nach Art. 3 EGBGB liegen hier nicht vor. Die Schweiz ist kein Teil des „Überein-kommens vom 29.02.1968 über die gegenseitige Anerkennung von Gesellschaften und juristischen Personen" (BGBl. 1968 II, S. 369 ff).

IV. Zu prüfen ist weiterhin, welches **Kollisionsrecht anwendbar** ist.

Das anwendbare einzelstaatliche IPR bestimmt sich, soweit bereits eine Klage anhängig ist, nach den Regeln des Staates, in dem sich das Gericht befindet, der sog. *lex fori.*

Die X-GmbH macht ihren Anspruch auf Schadensersatz vor einem deutschen Gericht geltend. Zur Beurteilung dieser Frage ist daher das deutsche Kollisionsrecht heranzuziehen.

V. Bestimmung der maßgeblichen Kollisionsnorm

Fraglich ist, nach welcher Kollisionsnorm das anwendbare Recht zu bestimmen ist.

Die Handelndenhaftung ist ein Rechtsinstitut, das aus der Handlung eines Repräsentanten der Gesellschaft für diese folgt und zudem als Vorfrage die fehlende Rechtsfähigkeit der U voraussetzt. Beide Fragen sind gesellschaftsrechtlich zu quali-fizieren und nach der geltenden Einheitslehre einheitlich an das Personalstatut der Gesellschaft anzuknüpfen.

Mangels geschriebener Kollisionsregeln für Gesellschaften und juristische Personen gilt die von Rechtsprechung und Literatur entwickelte Sitztheorie.

VI. Anwendung der maßgeblichen Kollisionsnorm

Nach der Sitztheorie bestimmt sich das auf die Gesellschaft anwendbare Recht nach dem Sitz ihrer Hauptverwaltung. Dies ist der Ort, an dem die grundlegenden Entscheidungen der Unternehmensleitung in laufende Geschäftsführungsakte umgesetzt werden. Dieser lag vorliegend – wie im Ausgangsfall – in Deutschland. Es kommt deutsches Recht zur Anwendung.

VII. Anwendung des berufenen Sachrechts

Die U AG ist keine deutsche GmbH, eine direkte Anwendung des § 11 Abs. 2 GmbHG scheidet aus.

In Betracht käme eine analoge Anwendung, wenn die U AG ähnlich wie eine noch nicht eingetragene GmbH nicht rechtsfähig wäre. Nach der Sitztheorie unterliegt die Gesellschaft durch Sitznahme im Inland einem Statutenwechsel. Es liegt eine sog. Gründung unter falschem Recht vor. Nach der strengen Sitztheorie wäre die U damit nichtig und nicht rechtsfähig. Nach der modifizierten Sitztheorie wäre die U nicht nichtig, sondern in eine deutsche Personengesellschaft umzuqualifizieren, vorliegend infolge des in Aktien zerlegten Stammkapitals also in eine KG bzw. KGaA. Sie wäre damit grundsätzlich rechtsfähig.

Gleichwohl bejaht die Rspr. eine Handelndenhaftung unter dem Gesichtspunkt, dass anderenfalls in grenzüberschreitenden Fällen der Zugriff der Gläubiger auf die im Ausland befindlichen Gesellschafter unzumutbar erschwert würde. Nach beiden Theorien besteht somit ein Anspruch gegen den G aus § 11 Abs. 2 GmbHG.

VIII. Korrektur durch höherrangiges Recht?

Eine Korrektur unmittelbar durch höherrangiges Recht kommt hier nicht in Betracht. Die Schweiz ist nämlich kein Mitglied der EU oder des – insoweit gleichgestellten – EWR. Auch bestehen zwischen der Schweiz und der EU keine Assoziationsabkommen, die eine Gleichstellung im Bereich der Niederlassungsfreiheit zum Inhalt haben (anders dagegen z.B. bei Chile).

Nach teilweise vertretener Ansicht soll dennoch eine Gleichstellung mit Gesellschaften aus den EU/EWR-Staaten vorgenommen werden. Dazu wird argumentiert, dass das deutsche
Recht mit dem schweizerischen Recht eine ungleich höhere
Ähnlichkeit aufweise als mit anderen niederlassungsberechtigten
Staaten. Damit und auch im Hinblick auf die Wirtschaftsstruktur
der Eidgenossenschaft entfalle die Schutzbedürftigkeit als Grundlage für die Anwendung der Sitztheorie. Der BGH hat dieser
Auffassung allerdings eine Absage erteilt.

IX. Ergebnis: Die X-GmbH hat einen Anspruch gegen den G auf
Schadensersatz analog § 11 Abs. 2 GmbH.

? *Wiederholungs- und Vertiefungsfragen*

1. Für welche Gesellschaften gilt die Gründungstheorie, für welche
die Sitztheorie?

2. Gilt die *ultra-vires* Lehre in Deutschland?

✔ *Lösungen der Wiederholungs- und Vertiefungsfragen*

1. Die Gründungstheorie gilt nach Rspr. und h.M. für Gesellschaften aus der EU und dem EWR. Außerdem gilt sie bei sonstigen sog. Drittstaaten, denen aufgrund eines Assoziationsabkommens mit der EU die Niederlassungsfreiheit zukommt. Schließlich gilt sie in Deutschland im Verhältnis zu den USA infolge Art. XXV Abs. 5 Nr. 2 des Freundschafts-, Handels- und Schifffahrtsvertrages zwischen der Bundesrepublik Deutschland und den Vereinigten Staaten von Amerika vom 29. Oktober 1954 (BGBl. 1956 II S. 488). Im Verhältnis zu allen anderen Staaten gilt nach der Rspr. die Sitztheorie.

2. Die *ultra-vires* Lehre bezeichnet die Beschränkung der Vertretungsmacht durch den Gesellschaftszweck. Geschäfte außerhalb dieses Zwecks sind nichtig. Die Lehre galt bis zum EG-Beitritt in England, danach im Verhältnis zu den anderen Mitgliedstaaten nicht mehr. Ein „Import" dieser Lehre über die Gründungstheorie ist damit nicht zu erwarten. Die *ultra-vires*-Lehre gilt aber noch immer in der Schweiz. Hier gilt zwar im Grundsatz die Sitztheorie, nach dem BGH aber in ihrer modifizierten Form („Umqualifizierungsmodell"). Bei der Umqualifizierung sind dabei laut BGH auch die Wertungen des Gründungsrechts heranzuziehen; ein Import der *ultra-vires* Lehre ist damit über die Sitztheorie möglich. Hier hilft nur im Interesse des Verkehrsschutzes die analoge Anwendung von Art. 12 EGBGB.

🕮 *Rauscher/Loose*, JuS 2013, 683.

ISBN 978-3-86724-139-7

7. Auflage 2020

© 2020 niederle media

Bezug möglich direkt vom Verlag
niederle media
48341 Altenberge
Fax (02505) 93 98 99
E-Mail: info@niederle-media.de
www.niederle-media.de

Malkus/Pierenkemper/Schulz

Standardfälle
IPR

7. Auflage 2020